Helga Schubert

Judasfrauen

Von Frauen verraten.

Von Männern verhaftet, von Männern verhört, von Männern verurteilt, von Männern geköpft.

Aber von Frauen verraten.

Ein leiser Verrat.

Ein heimlicher und sauberer Verrat. Kein Blut an den zarten Händen, das Blut klebt am Fallbeil.

Frauen, die andere Menschen durch ihren Verrat töteten.

Was waren das für Frauen?

Helga Schubert, geboren 1940 in Berlin, studierte an der Humboldt-Universität Psychologie. Sie arbeitete als Psychotherapeutin und freie Schriftstellerin in der DDR und bereitete als Pressesprecherin des Zentralen Runden Tisches die ersten freien Wahlen mit vor. Nach zahlreichen Buchveröffentlichungen zog sie sich aus der literarischen Öffentlichkeit zurück, bis sie 2020 mit der Geschichte ›Vom Aufstehen‹ den Ingeborg-Bachmann-Preis gewann. Der gleichnamige Erzählband erschien 2021 bei dtv und wurde für den Preis der Leipziger Buchmesse nominiert.

Helga Schubert

Judasfrauen

Zehn Fallgeschichten
weiblicher Denunziation
im Dritten Reich

Mit einem aktualisierten
Vorwort der Autorin

Von Helga Schubert ist bei dtv außerdem lieferbar:

Die Welt da drinnen

Vom Aufstehen

3. Auflage 2021
© 2021 dtv Verlagsgesellschaft mbH & Co. KG, München
Die Originalausgabe erschien 1990 im Luchterhand Literaturverlag,
Frankfurt am Main
Umschlaggestaltung: Lübbeke Naumann Thoben, Köln
Umschlagmotiv: »Clara with Teapot« von Igor Moritz, 2019
Satz: Fotosatz Amann, Memmingen
Druck und Bindung: Druckerei C.H.Beck, Nördlingen
Printed in Germany · ISBN 978-3-423-14821-4

Die Diktatur ist die Täterin oder
Nicht in meinem Namen

Vor einiger Zeit erreichte mich der Brief einer Leserin, die fragte, was aus der Verräterin des Pianisten Karlrobert Kreiten geworden sei. Eine der zehn Judasfrauen aus diesem Band also. Das erfuhr ich tatsächlich, auf einer Lesung ...

Dieses Buch erschien zuerst im Frühling 1990, in diesem wunderbaren politischen Frühling, im Westen. Im Westen und nicht im Osten, wo ich es schon zwei Jahre zuvor beim Aufbau-Verlag abgegeben hatte. Recherchiert und geschrieben und daraus vorgelesen in Studentengemeinden der evangelischen Kirche innerhalb der geschlossenen DDR habe ich die Erzählungen 1984 bis 1988. Das erste Vorwort schrieb ich im August 1989. Da gab es die DDR noch, da gab es die Mauer noch, da gab es die Zensur, das System der Druckgenehmigung, die Diktatur der herrschenden Partei SED mit ihrem sogenannten Schild und Schwert, dem Staatssicherheitsdienst, aber auch die Besetzung der DDR-Botschaft in Prag durch DDR-Bürger, die für immer aus diesem Land ausreisen wollten, weil sie genau so nicht mehr leben wollten.

Spitzel und Verräter aus der DDR-Zeit konnte ich ja nicht beschreiben, denn deren Akten waren erst nach dem Ende der DDR zugänglich. Und dieses baldige Ende war im August 1989 noch nicht absehbar.

Dass ich mich entschieden hatte, von Denunziationen der NS-Zeit zu erzählen, hatte drei künstlerische Vorteile:

Mit den Einzelheiten aus den Gerichtsakten konnte ich ein politisches Terror-System in der deutschen Geschichte in seinen Alltagsbezügen erzählen, das schon nach zwölf Jahren moralisch am Ende war, ausgelöscht, nachdem es einen Weltkrieg verschuldet und Millionen Opfer gefordert hatte. Ich konnte die Rolle der Geheimpolizei schildern und den Verrat im Persönlichen. Und zweitens konnte ich schildern, dass sich Täter in einer Diktatur gar nicht so sicher sein können, dass sie nicht doch einmal vor einem weltlichen Gericht angeklagt und verurteilt werden, wenn die Macht, der sie dienen, bankrott ist. Drittens reizte mich diese strenge Form der Darstellung, die sich an die Fakten des Verrats hält, aber exemplarisch menschliche Tragik und Verwicklung und Ambivalenz darstellen kann.

Unter den Hunderten Akten der Gerichtsverfahren gegen männliche Täter fand ich die wenigen Verfahren gegen Frauen. Warum nahm ich sie, werde ich immer wieder gefragt. Weil ich an ihrem Schicksal die Unmenschlichkeit der totalitären Gesellschaft noch deutlicher beweisen konnte: Sie mussten es nicht tun. Es war so leicht, kein Gericht, keine Zeitung erfuhr es. Es war im Sinne der Autorität. Gerade von Frauen erwartet niemand diese Gefahr.

Judas ist der Mensch, den ich beim Schreiben vor Augen hatte: der sein Opfer liebt, der es verrät, der einen Lohn dafür erhält, der sich erhängt, als er Christus sterben sieht. Den Frauen in diesem Buch tat es vielleicht auch leid, dass der Vater, der Ehemann, der unerreichbare abweisende verehrte Mann nach ihrem

Verrat starben. Spätestens kam die Reue, als sie vor dem Nachkriegsgericht standen. Es steht mir nicht zu, die beschriebenen Frauen zu verurteilen. Ich glaube, dass auch sie Opfer der Diktatur waren. In demokratischen Verhältnissen hätten sie für andere Menschen nicht todbringend werden können. Sie konnten der Versuchung zum Verrat nicht widerstehen. Ich habe ihren Verrat nur aufgehoben wie ein verwelktes Blatt. Und wie unter einem Mikroskop sah ich eine Struktur, die sich immer und immer und immer wiederholt.

Aber ich sah auch bei jedem neuen Verrat eine Variante, entdeckte Menschen, die den Verrat nicht unterstützten, ihn sogar insgeheim verhindern wollten.

Manchmal entdeckte ich eine tragische Verstrickung der Verräterin, hatte Mitleid mit ihr.

Jedes Mal grübelte ich wie vor einem Rätsel und war erst erleichtert, wenn ich die Lösung gefunden hatte. Das Leben dieser Frauen und der Tod ihrer Opfer sind unlösbar miteinander verbunden. Ich habe Beispiele erzählt, Parabeln über verständliche Motive und unlautere Mittel.

Die Namen der Frauen und auch der meisten Opfer habe ich unkenntlich gemacht. Nur drei der Opfer nenne ich mit ihrem wirklichen Namen, den Pianisten Karlrobert Kreiten, den katholischen Pater Dr. Max Josef Metzger und den Politiker Dr. Carl Goerdeler, stellvertretend für die andern, die in einer Diktatur auf deutschem Boden ihre Menschlichkeit oder ihre skeptische demokratische Grundhaltung bewahrten.

Gerade heute, 2021, also ungefähr achtzig Jahre, nachdem diese Geschichten spielen, sollten wir uns von ihnen emotional angreifen lassen. Weil die Diktatur eine furchtbare, eine Grauen erregende, eine verführerische, Leben zerstörende Täterin ist, weil sie sich tarnt, weil es so viele potenzielle Untertanen gibt, die sich das Leben unter ihrer Herrschaft einfacher vorstellen, weil es Menschen in Deutschland gibt, die die offene Gesellschaft nicht schätzen, die sie verkennen in ihrem transparenten Bemühen, unterschiedliche Interessen auszugleichen.

Nicht in meinem Namen, möchte ich mit diesem Buch sagen. Wenn ihr die offene Gesellschaft, in der wir alle mehr davor geschützt sind als in der Diktatur, zu Tätern zu werden, weil die Gerichte angerufen werden können und die Presse darüber berichtet, wenn ihr diese offene Gesellschaft verächtlich macht, dann sage ich:

Nicht in meinem Namen.

Nach einer Lesung im Jahr 1990, also nicht in der öffentlichen Diskussion in der Buchhandlung, nahm mich eine ältere Dame zur Seite und vertraute mir an, dass die Verräterin des jungen Pianisten Kreiten, die Freundin seiner Mutter, in ein brennendes Haus lief und dort verbrannte, als sie von seiner Hinrichtung erfahren hatte.

Also ein weiblicher Judas, eine Judasfrau, im wahrsten Sinne des Wortes, die sich selbst richtete, so wie der Jünger Judas aus dem Neuen Testament, nachdem er seinen Herrn verraten hatte und seine Kreuzigung sah.

Eine Frau, die leibhaftig sah, was sie angerichtet hatte, die sich vielleicht schämte und der es vielleicht leidtat.

So wie allen Frauen in diesem Buch.

Neu Meteln im Sommer 2021   Helga Schubert

Spitzel und Verräter

Ein Spitzel verhält sich zum Verräter wie ein Mörder zum Totschläger.

Wie der Mörder handelt der Spitzel mit Vorsatz: Er will über seinen Nächsten berichten. Er muss es, darum sieht er ihn so aufmerksam an.

Ein Verräter dagegen erzählt einem interessierten Behördenangestellten, was er vielleicht schon länger weiß. Er hat es bisher für sich behalten. Jetzt will er sich rächen, oder er wird zur Aussage gezwungen.

Vielleicht ist er durch Zufall zu seinem gefährlichen Wissen gekommen?

Wenn ich das nicht anzeige, sagt sich der Verräter womöglich, wird es auch für mich selbst zur Gefahr.

Oder er fürchtet sich vor Demütigung, vor körperlichem Schmerz, davor, dass er geschlagen werden könnte beim Verhör, wenn er nicht verrät, was er weiß.

Ich darf zurück ins Dunkle, ins Ruhige, wenn ich jetzt verrate, sagt er sich und verrät.

Oder er bleibt standhaft bis zur Androhung der Folter.

Oder er bleibt standhaft, bis sie ihn foltern. Und wird dann schwach.

Wer wirft den ersten Stein?

Der Spitzel dagegen verstellt sich. Niemand würde ihm sonst etwas anvertrauen. Der Spitzel muss sich verstellen: eine andere Meinung vortäuschen, über einen verbotenen Witz lachen, selbst einen erzählen. Er muss einen Köder legen.

Aber vielleicht hat der Spitzel gar keine andere Meinung als sein Opfer? Vielleicht ist er darum so überzeugend, gleich gesinnt und kritisch? Vielleicht lacht er deshalb so vergnügt über den Witz? Nur seine schnellen beobachtenden Augen dabei:

Wer hat den Witz erzählt? Von wem hat er den Witz? Wer lacht? Wer will ihn wem weitererzählen?

Wer soll noch darüber gelacht haben?

Wer hat einen ähnlichen Witz wo wann wem erzählt?

Der Spitzel muss nüchtern bleiben, darf sich nicht vergessen, nicht überlassen. Er darf seine Opfer nicht lieben. Ganz innen muss er immerzu hinhören, hinhören. Spöttische Blicke muss er bemerken.

Der Spitzel muss registrieren:

Wer sagt nichts?

Wer sagt an welcher Stelle nichts? Wer sieht einen anderen belustigt an? Bei welcher Gelegenheit? Wie sieht der andere zurück? Wen sieht er noch an? Wer senkt die Augen?

Wer könnte den Spitzel erkennen, ertappen bei einem beobachtenden Blick? Wer könnte misstrauisch werden? Wer könnte die andern warnen? Wer könnte sich später erinnern an das heutige gefährliche Gespräch, an alle Beteiligten und an den Spitzel, der als erster, als einziger aus dem Gefängnis entlassen wurde?

Ein Spitzel muss wachsam sein. Seine Feinde sind seine Auftraggeber. Seine Feinde sind seine Opfer. Und seine Feinde sind die, die später herausfinden, dass er dabei war und nicht bestraft wurde.

Das Später, das Nachher ist die Gefahr für den Spitzel. Er muss sich für das Nachher rüsten, muss alle Schuldbeweise vermeiden, einen Decknamen führen in den Aktenvermerken der Polizei.

Aber wenn der Beamte der Geheimen Polizei sich später vor Gericht erinnert? Ganz genau erinnert an ihn, den Spitzel? Und das beschwört?

Ein Nachher gibt es nämlich immer, jede Ära hat ein Ende. Und wehe ihren Spitzeln, wenn sie nicht vorsorgen. Denn sie wissen doch, oft sogar von ihren Opfern – die überzeugenden Argumente erscheinen immer wieder in den Berichten –, dass es ein Nachher gibt. Und nur dafür, nur für die genauen Berichte mit den überzeugenden Argumenten, gibt es die Belohnung: Geld oder etwas Wertvolleres als Geld, einen Reisepass, eine Ausnahme, die Erfüllung eines Wunsches, die Villa, das Automobil, die Wohnung, die Straferleichterung, die vorzeitige Begnadigung.

Aber warum lässt sich das Opfer von seinem Spitzel beobachten? Warum bittet es ihn in seine Wohnung? Warum besucht es ihn? Warum vertraut es ihm ein gefährliches Geheimnis an?

Was für ein Mensch ist das Opfer? Ein vertrauensvoller? Ein in sich gekehrter? Einer ohne schlechte Erfahrungen? Einer, der endlich einmal nicht mehr misstrauen will? Endlich vertrauen? Müde vom aufmerksamen Sichern? (Sprich leise, sprich bitte von etwas anderm, sieh dich vor, woher kennst du den, den du gestern mitbrachtest?)

Du sollst nicht falsch Zeugnis reden wider deinen Nächsten, heißt das achte Gebot. Aber Spitzel und Verräter sagen doch die Wahrheit?

»Ein Verleumder verrät, was er heimlich weiß. Aber, wer eines getreuen Herzens ist, verbirgt es«, steht in den Sprüchen Salomos.

»Der Verräter offenbart des Nächsten Heimlichkeit«, heißt es in den Katechesen über den kleinen Katechismus Luthers von einem Herrn Pastor Albrecht in Recknitz. Drucken ließ er das Buch 1894 in Güstrow. Delila sei zur Verräterin an ihrem Mann geworden, denn sie habe den Philistern gesagt, worin seine Kraft lag. Das wollte Simson natürlich geheim gehalten haben.

Und Judas verriet den Hohepriestern, wo sie Jesus gefangen nehmen konnten. Dass er sich erhängte, als er seinen Herrn gekreuzigt sah, habe ich erst als erwachsene Frau wahrgenommen. Im Religionsunterricht, in der Kirche, in der Osterzeit, im Konfirmandenunterricht, beim Anblick des Gekreuzigten am Altar oder als Kruzifix an goldener Kette am Hals einer Frau dachte ich nie an die Schuld des Judas, war vielmehr traurig, hatte Mitleid mit Jesus, weil sein Vater ihn verlassen hatte. Judas hielt ich schon immer für eine Nebenfigur, eine austauschbare. Ein Verräter findet sich immer, rausgekommen wäre es doch, wo Jesus war, dachte ich, zumal er ja selbst gar nichts tat, um sich zu verbergen.

Aber dass sein Vater ihn nicht bewahrte.

Geborgenheit, so denke ich auch heute, ist nicht von Dauer, kann entzogen werden. Man kann verraten werden und alleingelassen. Von heute auf morgen.

Aber, fragte der Pastor vor fast einhundert Jahren in seinem Buch, und das war fünfzig Jahre vor den Prozessen am Volksgerichtshof: »*In welchem Fall darf und muss ich sogar sagen, was ich von meinem Nächsten heimlich weiß, zumal wenn es Böses ist?*«

Fett gedruckt steht als Antwort: »*Wenn die Obrigkeit, oder die mir sonst vorgesetzt sind, es befehlen.*«

»*Ja, es gibt Fälle*«, schreibt der Pastor, »*wo man des Nächsten Heimlichkeit offenbaren muss, ohne dass und ehe noch die Vorgesetzten es befehlen: Wenn du zum Beispiel erfährst, dass dein Nächster irgendetwas Böses tun will, sollst du das ruhig geschehen lassen?*

Nein, ich soll ihn ernstlich und freundlich davon abmahnen. Was willst du aber tun, wenn er sich nicht abmahnen lässt?

So will ich es der Obrigkeit, oder denen, die ihm sonst vorgesetzt sind, anzeigen.«

Aber es gibt doch notwendige Anzeigen. Stell dir vor, du erkennst einen Menschen von einem Fahndungsfoto wieder, er sitzt mit dir im gleichen Zugabteil. Und in der Zeitung hat die Polizei um Mithilfe der Bevölkerung gebeten.

Es käme darauf an, weshalb sie ihn suchen. Wenn es dabeistünde?

Könntest du dir denn etwa einen andern Grund denken, als dass die Gesellschaft, auch du, vor ihm geschützt werden muss? Es ist in deinem ureigensten Interesse, dass er gefangen wird.

Warum fragst du, warum siehst du mich so an?

Judasfrauen

Von Frauen verraten.

Von Männern verhaftet, von Männern verhört, von Männern verurteilt, von Männern geköpft. Aber von Frauen verraten.

Ein leiser Verrat.

Ein heimlicher und sauberer Verrat. Kein Blut an den zarten Händen, das Blut klebte am Fallbeil.

Frauen, die andere Menschen durch ihren Verrat töteten. Was waren das für Frauen?

Fühlst du dich denn überhaupt befugt, über so etwas zu schreiben? Das sollen doch die machen, die das miterlebt haben, die im KZ waren oder in der Emigration.

Du bist ja nicht einmal die Tochter von Betroffenen. Du bist kein Kind jüdischer Eltern, und deine Mutter war keine Politische im Zuchthaus.

Schreib über das, was dich selbst betrifft: die Flucht aus Hinterpommern.

Schreib über die Mütter, die damals mit euch geflohen sind. In den Trecks, in den Lkws am Ostseestrand, ohne Scheinwerfer, und auf der Straße oben das drohende Gebrumm der russischen Panzer. Diesen Frauen müsstest du ein Denkmal setzen.

Ja, du hast recht, antwortete ich meiner Mutter. Aber ich bin auch eine Deutsche, und ich bin auch eine Frau. Was bewog diese Frauen zum Verrat? Sie wussten doch, dass er tödlich ist.

Ist das nicht gefährlich – du musst dich mit dem Leben dieser Frauen beschäftigen, um sie beschreiben zu können. Am Ende bekommst du noch so etwas wie Verständnis für diese Subjekte. Ein anständiger Mensch hat doch eine natürliche Hemmschwelle und denunziert nicht.

Ja. Aber wo liegt der Unterschied zwischen der Frau, die über diese Hemmschwelle springt, und der, die davor stehen bleibt? Könnte ich an ihrer Stelle sein?

Warum sprichst du eigentlich dauernd von Frauen? Als ob es nicht auch unter den Männern Denunzianten gäbe. Willst du deinen Geschlechtsgenossinnen eins auswischen?

Mich stört die Frauenveredelung: So sensibel, so zart, so kooperativ, so mütterlich, so mitleidig, so kreativ, so authentisch sind wir nicht. Wir sind auch böse und auch gefährlich, auf unsere Weise. Sobald ein Mensch auf einem Sockel steht, möchte ich den Sockel zerschlagen.

Mich müssen Sie nicht fragen, sagte die Historikerin. Ich bin keine gute lebende Quelle für Sie, weil ich historisch denke und alles, was ich erlebt habe, historisch einordne.

Zum Beispiel werde ich skeptisch, wenn Leute von ihren mutigen Handlungen berichten: Sie erzählen nicht die ganze Wahrheit, bauschen auf, verschweigen, und das ist ja auch verständlich. Ich würde an Ihrer Stelle nicht alles glauben.

Außerdem fragen Sie nicht die richtigen Leute. Sie bekommen Antworten von Leuten, die auf der falschen Seite stehen. Die haben gar nichts gemacht gegen Hitler, diese Leute nicht.

Sehen Sie, ich habe vor dem Kriegsende als Sekretärin bei einem Mann gearbeitet, der war in die Pläne um den 20. Juli 1944 eingeweiht. Ich habe das erst nach dem Krieg erfahren und frage mich noch heute: Warum hatte er kein Vertrauen zu mir? Er hätte mich doch einweihen können.

Gehen Sie zum Vorsitzenden der Hausgemeinschaftsleitung: Er nennt Ihnen die alten Antifaschisten, die hier in der Nähe wohnen. Dann brauchen Sie nicht beim Fahrstuhlfahren die alten Frauen so unsystematisch zu befragen. Warum schreiben Sie eigentlich nicht über die Trümmerfrauen? Hier im Haus wohnt eine.

Müssen Sie das lesen? Oder lesen Sie das freiwillig?, fragte mich meine Nachbarin im Wartezimmer des Frauenarztes, nachdem sie den Titel des Buches registriert hatte, das ich gerade las: ›Frauen unterm Hakenkreuz‹.

Beides, antwortete ich.

Möchten Sie weiterlesen, oder möchten Sie sich ein wenig mit mir unterhalten?, fragte sie da.

Ich legte das Buch auf den Schoß und sah sie an.

Sie sei Mitverfasserin des Weißbuchs über Globke gewesen – jetzt sei sie ja Rentnerin – und habe Unterschriften von Nazigrößen überprüft. Dann erkundigte sie sich nach meiner Arbeit.

Ich berichtete von meinem Interesse an politischen Denunziantinnen. Sie überlegte: In meinem Hochhaus wohnen einige interessante alte Genossen. Wenn Sie wollen, kann ich Ihnen ein Gespräch mit einer Genossin vermitteln, die bei Hitler im Zuchthaus saß als KPD-Kassiererin und nach dem Krieg bei uns lange Jahre Richterin war.

Auch in der Stalinzeit?, fragte ich.

Sie habe ohne Unterbrechung gearbeitet.

Und ist sie denunziert worden? Oder hat sie jemanden verraten?

Beides nicht. Aber sie könnte Ihnen erklären, wie Sie die damalige Zeit zu verstehen haben.

Seitdem ich wusste, dass auch in der DDR Akten des Volksgerichtshofs aufgehoben sind – denn alles wurde geteilt in Deutschland nach dem letzten Krieg –, und seitdem ich wusste, in welchem Archiv sie lagern und wo sich das Archiv befindet, nämlich in Berlin-Mitte, hatte ich vor, dorthin zu gehen und die Todesurteile zu lesen.

Polizei stand davor. Wie sollte ich hineinkommen?

Aussichtslos, sagte mir eine zweite Historikerin, ihr sei es auch nicht erlaubt worden. Man brauche dafür eine Genehmigung höheren Ortes.

Ich stellte einen schriftlichen Antrag und bekam einen Termin für den höheren Ort.

Pünktlich eine halbe Stunde vor dem Termin ging ich in das Besucherbüro des höheren Ortes. Man suchte und fand meinen Namen auf der Liste der angemeldeten Besucher, ich bekam einen Passierschein, sollte sagen, wie viele Taschen ich mit mir führe, sagte, dass es eine sei, ging mit der Tasche und dem Passierschein um die Ecke des dickmaurigen Gebäudes, zeigte zwei Offizieren meinen Passierschein und meinen Personalausweis, wies meine Tasche vor (in die ich im Besucherbüro vor der Frage nach der Zahl der Taschen die zweite kleinere gesteckt hatte, um nicht mit zwei Taschen beladen, unordentlich und verdächtig, herumzulaufen), ging in die marmorne Eingangshalle, stieg in den seitlichen Paternoster und fuhr, an dem Flur mit Teppichbelag vorbei, der zum Höchsten führte und von einem neben dem Paternoster postierten Offizier überwacht wurde, höher und höher bis zu der auf dem Passierschein angegebenen Zimmernummer.

Hinter der Zimmertür wurde ich von einer verantwortlichen Frau erwartet, die nach der Begrüßung wieder an ihrem Schreibtisch Platz nahm und mich an den quer stehenden Konferenztisch mit acht Stühlen wies. Sie fragte nach meinem Anliegen.

Ich erklärte es ihr noch einmal mündlich: Dass ich diejenigen Volksgerichtshofakten lesen möchte, in denen nach Denunziation durch Frauen ein Todesurteil erfolgte. Dabei interessiere mich besonders der Alltag der Diktatur und die spezifische Situation, ich vermute Ohnmacht, der Frau, die sie vielleicht zu diesem Verbrechen getrieben habe. Die Genehmigung zum Lesen dieser Akten bedürfe einer Fürsprache, hätte ich gehört, sagte ich der verantwortlichen Frau. Und um diese Fürsprache zu erbitten, sei ich gekommen.

Wir begrüßen es, dass Sie sich als Schriftstellerin mit der Zeit des Faschismus in Deutschland auseinandersetzen wollen, antwortete sie mir. Bitte widmen Sie sich dabei besonders dem Widerstand der Kommunistinnen. Unsere Analysen haben ergeben, dass wir ihnen im Vergleich zu ihren männlichen Genossen in der Literatur noch besser gerecht werden müssten.

Ich entgegnete, dass mich die Versuchung zum Verrat interessiere, in einer Gesellschaftsordnung, in der es möglich sei, private Konflikte sozusagen mittels Staatsgewalt zu lösen.

Was wollen Sie mit diesem abgeschlossenen Kapitel, fragte sie mich. Sie vermute, ich habe die Absicht, dem Kleinbürgertum seine Vergangenheit vorzuwerfen. Das ist nicht in unserem Interesse, sagte sie, es sind unsere Bündnispartner.

Sie schlug mir vor, mich stattdessen um etwas historisch Relevanteres und Positiveres zu kümmern. Aber sie machte sich Notizen, und nach einiger Zeit erhielt ich die schriftliche Erlaubnis für die Arbeit im Archiv mit Angabe einer Telefonnummer, unter der ich einen Termin vereinbaren sollte.

Am Telefon bekam ich einen Termin für ein »Quellengrundlagen-Gespräch« mit einer Wissenschaftlerin, Spezialistin auf dem Gebiet »Frau und Faschismus«.

Als ich fünf Minuten vor dem vereinbarten Termin am Eingang des Archivs anlangte, suchte der Polizist meinen Namen auf der Liste der angemeldeten Besucher, ließ sich meinen Personalausweis zeigen und stellte mir einen Passierschein aus. Der Polizist, der aus einer Entfernung von drei Metern zugesehen hatte, prüfte den Passierschein, verglich ihn mit meinem Personalausweis, ließ mich passieren.

Ich fand die Wissenschaftlerin in ihrem Arbeitszimmer, dessen eine Wand ein Fenster zum Nachbarraum, offensichtlich einem Lesesaal, hatte. Sie schrieb sich mein Anliegen auf und fragte: Warum beschäftigen Sie sich denn bloß mit so etwas Negativem?

Sie ließ mich unterschreiben, dass ich in diesem Archiv nicht das Recht habe, Suchkarteien zu benutzen, nur das lesen dürfe, was sie mir zuteile, und ohne die Erlaubnis des Archivs keine Einzelheiten veröffentlichen werde.

Dann gab sie mir einen Termin für den ersten Lesetag im Archiv.

An diesem ersten Lesetag zeigte ich am Eingang des Archivs wieder meinen Personalausweis, bekam einen Passierschein, weil mein Name auf der Liste der erwarteten Leser stand, zeigte den Passierschein dem wenige Meter entfernt im Innern stehenden Polizisten, der alles noch einmal prüfte, und fuhr im Fahrstuhl in die Etage mit dem angegebenen Lesesaal.

Ich ging hinein und meldete mich bei dem in diesem Lesesaal Aufsicht führenden Archivangestellten. Er sah in die Liste der erwarteten Leser, fand meinen Namen und bat mich, meine Sachen draußen vor der Tür in ein Schließfach einzuschließen.

Ich schloss meine Sachen bis auf einen Kugelschreiber und Papier ein und ging mit dem Schlüssel des Schließfachs, dem Papier und dem Kugelschreiber in den Lesesaal zurück. Der Aufsichtführende gab mir nun einen zweiten Schlüssel mit einer Nummer und führte mich in den Nachbarraum zu einem andern Schließfach mit meiner Schlüsselnummer, schloss auf und zeigte mir die Akten, die ich lesen durfte. In jeder Akte lag ein Laufzettel. Er sagte mir, dass ich jedes Mal, wenn ich in einer Akte gelesen habe, auf dem Laufzettel mit Datumsangabe unterschreiben müsse.

Ich nahm alle Akten, schloss ab und ging mit den beiden Schlüsseln, dem Papier und dem Kugelschreiber zu einem Sitzplatz, den ich mir selbst wählen durfte. In der Rückwand des kleinen Lesesaals befand sich das große Fenster, das ich schon kannte. Dahinter sah ich die Wissenschaftlerin arbeiten, und sie sah mich. Draußen hörte ich die Straßenbahn kreischen und die Vögel auf dem Dach tschilpen. Über vier Jahrzehnte kein Krieg mehr in Deutschland, das es so wie in diesen Akten gar nicht mehr gibt, dachte ich und tauchte ein in die Welt der Angst, des Verrats und der gnadenlosen Verfolgung.

Vieles wusste ich nicht. Vieles wusste ich anders.

Nun weiß ich mehr, als jene Menschen vor mehr als einem halben Jahrhundert wissen konnten, 1933 oder 1940, dem Jahr meiner Geburt, dem zweiten Jahr des Zweiten Weltkriegs, angefangen von einem Führer und den von ihm Geführten, getragen von den Vätern, Müttern, Kindern, den Nachbarn in der Straßenbahn, den Frauen mit dem Mutterkreuz und denen, die es verliehen. Getragen von den Pflichtverteidigerinnen der zum Tode verurteilten Studentin, die ein Flugblatt gegen den Führer verteilt hatte, oder der zum Tode verurteilten Lichtspielhausangestellten, die Geld für politische Gefangene gesammelt hatte, oder jener zum Tode verurteilten Kontoristin, die gemeinsam mit ihrem Mann einen illegal arbeitenden Zeitungsherausgeber beherbergt und gepflegt und die Wachsmatrizen von Berlin ins Ruhrgebiet gebracht hatte: in der Eisenbahn sitzend neben dir, neben mir, in einer Einkaufstasche den gefährlichen Briefumschlag, den niemand mehr fand, als die Zeitung schon kursierte, verschickt worden war an die gesammelten Feldpostnummern, gelesen in Erdlöchern in den überfallenen Ländern von den Soldaten, Ehemännern und Söhnen, dann entdeckt vom Mitglied eines Erschießungskommandos. Er hatte den schändlichen Text nicht weitergelesen, der sich gegen Führer-Volk-Vaterland richtete, gegen die heiligsten Werte. So etwas musste mit Stumpf und Stiel ausgerottet werden, das meinte auch der Präsident des Volksgerichtshofs, der die Angeklagten anschrie, demütigen wollte, es aber nicht konnte, denn sie hatten niemanden verraten, sie hatten die Schuld auf sich genommen und waren doch unschuldig. Und die Frauen, die Schuld hatten? Die Anzeige erstatteten? Judas als Frau?

Die Evakuierte aus Hamburg, eine Lehrersfrau, die ihre Gastgeberin denunzierte. Oder die Bäuerin, die ihren Gast, eine Krankenschwester aus Berlin, verriet. Ich habe ihre Namen gelesen und, wenn die Opfer Juden waren, auch ihre drei Fotografien in der Gnadenakte angesehen. Die Gnadenakte ist im Archivband vor der Vollstreckungsakte eingeheftet.

In der Vollstreckungsakte ist bei Todesurteilen ein Vordruck verwendet worden. Immer der gleiche, nur Tag, Uhrzeit und Dauer des Tötungsaktes mussten eingesetzt werden.

Datum.

Name des Verurteilten (wenn es sich um eine Frau handelte, wurde das »s« am Ende des Wortes »des« in ein »r« verbessert, mit einem Füller, denn mit Federkiel schrieb man in den Büros nicht mehr und mit Kugelschreiber noch nicht).

Um … Uhr eröffnete der Vollstreckungsleiter dem (das »m« gegebenenfalls in ein »r« verbessert) *Verurteilten den Erlass des Reichsministers für Justiz, dass von dem Gnadenrecht kein Gebrauch gemacht worden sei, und teilte ihm* (oder »r« statt »m«) *ferner mit, dass das Urteil heute um … Uhr vollstreckt werden werde.* (Die einen solchen Vordruck ausgearbeitet hatten, besaßen sicher das Abitur. Sie konnten die richtige grammatikalische Form für die Bezeichnung eines Ereignisses in der Zukunft verwenden: werden werde.) Absatz.

Der (bei einer Frau »Die«) *Verurteilte verhielt sich während der Verkündung ruhig und gefasst.*

Der Bericht über die Hinrichtung ging auf der Rückseite des Vordrucks weiter (im Krieg musste gespart werden – für einen Staatsfeind wurde nicht eine Seite Papier verschwendet):

Um ... Uhr (das war meist zwei Stunden später, aber da wurden schon Minuten angegeben: zum Beispiel 15.08 Uhr) *wurde der* (oder »die«) *Verurteilte, die Hände auf dem Rücken gefesselt, durch zwei Gefängnisbeamte vorgeführt.*

Der Scharfrichter (hier war der Name vorgedruckt) *aus Berlin stand mit seinen drei Gehilfen bereit.* Absatz.

Nach Feststellung der Personengleichheit des Vorgeführten mit dem Verurteilten (hier war »s« bzw. »m« nicht in »r« verbessert) *beauftragte der Vollstreckungsleiter den Scharfrichter mit der Vollstreckung.*

Der Verurteilte, der ruhig und gefasst war, ließ sich ohne Widerstreben auf das Fallbeilgerät legen, worauf der Scharfrichter die Enthauptung mit dem Fallbeil ausführte und sodann meldete, dass das Urteil vollstreckt sei.

Die Vollstreckung dauerte von der Vorführung bis zur Vollzugsmeldung ... Sekunden.

Zwei Unterschriften.

Manchmal waren es sieben, manchmal acht Sekunden.

Wer hat auf die Uhr gesehen? Der Scharfrichter selbst? Er hatte doch damals so viel zu tun, dass er sogar, wie einmal in den Akten vermerkt, Überstunden bezahlt bekam.

Der 6. September 1944 zum Beispiel war solch ein langer Arbeitstag, denn da war sieben Wochen vorher, am 20. Juli, das Attentat auf Hitler gescheitert. Die Beteiligten mussten aufgehängt oder enthauptet werden.

Und immer hat dabei ein Anwesender auf den Sekundenzeiger gesehen. In keiner Akte konnte ich eine zweistellige Sekundenangabe finden.

Am 6. September 1944 schrieb das Rechnungsamt des Volksgerichtshofs an die Geschäftsstelle der Reichsanwaltschaft beim Volksgerichtshof eine Rechnung für den Scharfrichter:

In der Strafsache ... sind für die Vollstreckung in Plötzensee folgende Kosten entstanden: Für 10 Überstunden je 1,24 RM = 12,40 RM.

Der Justizangestellte, der bei der Verkündung und Vollstreckung der Urteile anwesend war, reichte für diesen Tag vier Straßenbahnkarten ein: zweimal Plötzensee und zurück. Denn zwischen Verkündung und Vollstreckung lagen vier Dienststunden, die er nicht ungenutzt verstreichen lassen wollte. So musste ihm das Rechnungsamt des Volksgerichtshofs 0,80 RM anweisen.

Warum ich das alles erwähne? Es sind deutsche Buchstaben, auf einer Schreibmaschine geschrieben, mit der Unterschrift eines Menschen, der Deutsch spricht, so wie ich es spreche, der Straßenbahn fährt, aussteigt, einen Dienstausweis vorzeigt (vielleicht auch nicht? Sie kennen ihn ja schon am Einlassdienst der Hinrichtungsstätte.), ein Mensch, der hineingeht, sich hinsetzt (oder stehen bleibt?) und zusieht, wie einem Menschen der Kopf abgeschlagen wird. Der unterschreibt als Zeuge, sich umdreht und an diesem Tag zum zweiten Mal von Plötzensee zurückfährt.

Weil es Nachmittag ist, geht er vielleicht gleich nach Haus. Dort steht die Frau in der Küche, ein Kind, am Vormittag in der Schule, besucht jetzt vielleicht eine Veranstaltung der Hitlerjugend, sammelt Knochen oder Altpapier, und der große Sohn ist vielleicht Soldat im Krieg, hat aus Russland geschrieben mit einer Feldpostnummer.

Nein, 1944 schrieb der Sohn wohl nicht mehr aus Russland, da war schon der Rückzug, aber so hieß sie nicht, die »Frontbegradigung«.

Das Wort »Rückzug« durfte der Justizangestellte in diesem Zusammenhang nicht aussprechen, besser auch nicht denken, sonst ging es ihm wie der Frau eben auf dem Schafott: Sie hatte am Sieg gezweifelt, hatte etwas ausgesprochen oder in einem Brief geäußert, was zwar viele dachten, aber nicht sagten oder schrieben, oder sie hatte gewusst, dass jemand ein Flugblatt über Deutschlands hoffnungslose Kriegslage verteilte, und ihn nicht angezeigt.

Er aber, der Justizangestellte, brauchte um sein Leben nur bei den Bombenangriffen auf Berlin zu fürchten, denn an die Front musste er nicht, ein unabkömmlicher Beamter. Seine Aufgabe war: zusehen, nichts erzählen, schweigen. Denn die meisten Hinrichtungen waren geheim. Es gab zwar Berechtigungen zum Zusehen, aber die waren personengebunden und mussten vom Empfänger, zum Beispiel dem Pflichtverteidiger, vernichtet werden, wenn er nicht beabsichtigte, davon Gebrauch zu machen. Sie kamen in einem doppelten Umschlag:

»Vertraulich« der äußere, »Persönlich« der innere.

Als ich, erschöpft von Mitleid, Verachtung und Grauen, zum ersten Mal nach Stunden von den Akten aufsah und den Aufsichtsbeamten fragte, wo ich einen Kaffee trinken könne, sah ich hinter der Scheibe auch die Wissenschaftlerin aufstehen. Ich unterschrieb auf dem Laufzettel der gelesenen Akten, legte sie ins Schließfach zurück, gab den Schlüssel bei der Aufsicht ab, ging hinaus in den Flur zu den andern Schließfächern, um mir

Geld aus meiner Tasche zu holen. Da stand sie schon und wartete auf mich.

Ich habe Sie weinen gesehen, sagte sie. Es ist wichtig, dass Sie mit Ihrer Arbeit den Hass wecken. Oft schicke ich meine jungen Mitarbeiter zu Prozessen gegen Kriegsverbrecher, die sich noch bei uns versteckt hielten. Ihr müsst sie hassen, sage ich zu ihnen. Wenn Sie wollen, verschaffe ich Ihnen eine Besuchserlaubnis für ein Zuchthaus. Bis vor Kurzem hat doch noch so einer unter falschem Namen als Oberbuchhalter bei uns gelebt, der hat nun lebenslänglich Zuchthaus. Wollen Sie ihn sprechen?

Aber der Mann ist doch wegen seiner Teilnahme an Massenerschießungen verurteilt, nicht wegen Denunziation, sagte ich.

In den nächsten Tagen werden Sie Akten zugeteilt bekommen, die Ihnen zeigen, wie wir mit den Naziverbrechern aufgeräumt haben. Sie werden die Prozessakten über die SA-Schläger der Köpenicker Blutwoche lesen, die bei uns vor Gericht standen. Sie werden sehen, dass viele namentlich bekannte Täter von den Westzonen nicht an uns ausgeliefert wurden, obwohl wir sogar den Aufenthaltsort wussten und ihn im Auslieferungsersuchen mitgeteilt haben.

Die Denunziantinnen sind auch namentlich bekannt, sagte ich, in den Akten, zum Beispiel in Protokollen von Haussuchungen, erscheinen hin und wieder Vermerke von Polizeibeamten mit einer wichtigen, für das Opfer tödlichen Einzelheit, dem letzten Glied in der Beweiskette. Gesagt hat das eine Frau. Der Polizeibeamte nennt Namen und Adresse der Frau. Aber sie wolle vor Gericht nicht genannt werden, steht im Protokoll, weil sie eine Verwandte des Opfers ist, dessen Kollegin oder Nachbarin, und in Zukunft nicht schlecht angesehen werden möchte. Ich finde, die Akten müssten auch daraufhin einmal durchgesehen werden. Diese Frauen leben vielleicht noch. Und man kann sie nicht zur Rechenschaft ziehen, weil ihr Vergehen noch immer unbekannt ist.

Wir wühlen doch nicht im Privatleben unserer Bürger, antwortete sie. Und nach einer Pause: Wir haben Tausende Naziverbrecher, auch Denunzianten, vor Gericht gestellt und zu hohen Zuchthausstrafen verurteilt, darum versuchten doch so viele, in den Westen zu entkommen.

Gibt es Zahlenvergleiche? Vielleicht in einem Buch?

Ja, aber Sie können mir auch so glauben.

Ich glaube Ihnen, aber mich interessieren Einzelheiten. Haben Sie hier im Archiv auch Akten von Nachkriegsprozessen gegen Denunziantinnen der Nazizeit?

Ihr Quellenstudium in diesem Archiv ist auf die Volksgerichtshofakten begrenzt. Sie müssten einen neuen Antrag stellen und begründen. Vielleicht gewähren Ihnen das Staatsarchiv oder die Generalstaatsanwaltschaft Akteneinsicht.

Die nächsten Monate lebte ich in zwei, dann in drei unterschiedlichen Welten: Tagsüber im Archiv – in den zwölf Jahren zwischen 1933 und 1945 in Deutschland. Abends, nachts und morgens zu Hause in einem Hochhaus in Berlin-Mitte – im Alltag, mit einer Zeitung und sechs Fernsehsendern, aber nur zwei davon aus dem Land, das mir manchmal eine Ausreiseerlaubnis erteilte, zu einer Lesung zum Beispiel oder einer Diskussion jenseits der Grenze.

Eine solche Ausnahmeerlaubnis bekam ich während der Erlaubnis, in dem Archiv zu arbeiten. Welche der beiden Ausnahmeerlaubnisse war schwerwiegender, unwiederbringlicher? Die in eine gegenwärtige andere Welt oder die, in eine vergangene andere Welt zu sehen?

Ich entschied mich nicht zwischen den Heuhaufen, ich versuchte, beide zu fressen: Montag, Mittwoch und Freitag ging ich zu Fuß in das Archiv. Dienstag, Donnerstag und Sonnabend dagegen füllte ich morgens eine gelbe Zählkarte und einen Zollschein aus, fuhr mit der S-Bahn zum Bahnhof Friedrichstraße, ging, als ob es normal ist, durch den Grenzübergang im Glaspalast, fuhr mit der Untergrundbahn vom Bahnhof Friedrichstraße zwei Stationen zum Halleschen Tor, stieg dort in die Linie 1 um und fuhr mit Kreuzbergern, vielen Türken und Studenten, drei Stationen bis Kurfürstenstraße, stieg in den Bus um und fuhr von dort zur Staatsbibliothek. Ich ging vorbei an Hunderten von Fahrrädern, kam ohne Ausweis in das Gebäude, gab meine Tasche an der Garderobe ab, passierte ein Drehkreuz, an dem die Herauskommenden ihre entliehenen oder schon mitgebrachten Bücher vorwiesen, stieg hinauf zum Lesesaal und gelangte zu den Karteikästen, zu den Regalen und dann zu einem der vielen Hundert Arbeitstische, um in Büchern zu lesen, die ein eifriger Zöllner bei der Rückkehr bestimmt sichergestellt hätte.

So verstand ich Montag, Mittwoch und Freitag mehr von dem, was ich Dienstag, Donnerstag und Sonnabend las.

Und Dienstag, Donnerstag und Sonnabend dachte ich an die konkreten Beispiele, die ich Montag, Mittwoch und Freitag in Berlin-Mitte gelesen hatte, und verstand sie besser einzuordnen.

Denn es gibt nur eine Welt.

Eines Tages las ich im Archiv die Volksgerichtshofakte der

jüdischen Widerstandsgruppe Baum. Darin ein kleines rotes Plakat. Mit dicken schwarzen Buchstaben die Mitteilung über die Hinrichtung. Name und Alter. Sie waren 21, 22 Jahre alt. Ich nahm das Blatt heraus und legte es auf den Tisch. Der Aufsicht führende Archivangestellte, aufmerksam geworden durch das schreiende Rot, kam und sah sich das Plakat an.

Ich habe dieses Plakat damals gesehen, sagte er verwundert, als Kind. Ich musste einmal meinem Vater Bier aus der Kneipe holen. Da hing dieses Plakat an der Wand neben dem Tresen. Ich kann mich genau erinnern. Die Namen und das Alter, alle nur so zwanzig Jahre alt.

Was ist eigentlich über Freislers Biografie bekannt, wann ist der genau gestorben, fragte ich den Aufsicht Führenden.

Da müssen Sie mal in diesem Buch nachsehen. Er reichte mir aus dem Regal hinter seinem Schreibtisch ›Wer war wer im Dritten Reich‹ mit dem Untertitel ›Ein biografisches Lexikon. Anhänger, Mitläufer, Gegner aus Politik, Wirtschaft, Militär, Kunst und Wissenschaft‹.

Im Original ist das Buch in London 1982 unter dem Titel ›Who's who in Nazi Germany‹ erschienen. Über Robert Wistrich, den Autor der fast 400 Biografien, wird in der Vorbemerkung gesagt, dass er sechs Jahre lang Herausgeber des auf die Geschichte des Nationalsozialismus spezialisierten und in London erscheinenden ›The Wiener Library Bulletin‹ war, verschiedene wissenschaftliche Publikationen zum Thema Faschismus veröffentlicht hat und heute Professor und Mitglied des »Institute for Advanced Studies« der Hebrew University in Jerusalem ist.

Meine Stichpunkte aus Freislers Biografie: 1893 in Celle als Sohn eines aus Mähren stammenden Diplom-Ingenieurs geboren und am 3. Februar 1945 mit 52 Jahren durch einen Bombenangriff der Alliierten ums Leben gekommen.

In Aachen und Kassel aufgewachsen, in Jena Jura studiert.

Im Ersten Weltkrieg 1915 in russische Kriegsgefangenschaft geraten, mehrere Jahre in Sibirien festgehalten, lernte fließend Russisch, wurde – so steht es im Lexikon – bolschewistischer Kommissar und überzeugter Kommunist (Hitler habe ihm diesen Aspekt seiner Vergangenheit nie ganz verziehen).

1920, also mit 27 Jahren, verließ er die Sowjetunion, beendete in Jena das Jurastudium, promovierte schon 1921, also ein Jahr nach der Rückkehr aus der Sowjetunion, ging als Anwalt zuerst nach Karlsbad und dann nach Kassel.

1925 wurde er Mitglied der NSDAP, 1932 deren Abgeordneter im Preußischen Landtag und 1933 im Reichstag.

1934 bis 1942 war er Staatssekretär, zuerst im preußischen, ab 1935 im Reichsjustizministerium. Ab 1942 Präsident des Volksgerichtshofs. Er befasste sich besonders mit Fällen von Hoch- und Landesverrat, worunter jede Art von Opposition fallen konnte.

»Er erwies sich«, schreibt Robert Wistrich, »als wahrer Sadist im Richtertalar, der die Angeklagten mit Schmähungen überhäufte, bevor er sie in den Tod schickte, und seinem Ruf als brauner Wyschinskij alle Ehre machte. Die außergewöhnliche Brutalität, der Sarkasmus, die Verhöhnungen, mit denen F. seine Opfer (…) demütigte (…), zeigen, dass F. die in den späten dreißiger Jahren in der Sowjetunion gegen Altbolschewiken angewandten Schauprozesstechniken nun seinerseits anwandte.«

Beim Lesen dieser Zeilen hatte ich zunehmend das Gefühl, etwas Verbotenes zu tun und zu denken.

Ich bedankte mich und gab dem Aufsicht führenden Archivangestellten das Buch zurück, der es wieder in das Regal hinter seinem Schreibtischstuhl stellte. Dann drehte ich mich zu der Wissenschaftlerin um, die wie immer an ihrem Arbeitsplatz hinter der Glasscheibe saß. Wir trafen uns in der Kantine.

Nun, was haben Sie heute gelesen, erkundigte sie sich.

Ich erzählte ihr von Freislers Biografie, die ihr sicher bekannt sei.

Vielleicht ist damit der Fanatismus dieses Mannes zu erklären, sagte ich: Er musste sich und andern beweisen, dass er mit seiner Vergangenheit nichts mehr gemein hatte.

Sehen Sie, die Verleumdungen der bürgerlichen Historiker sind so geschickt, dass auch Sie darauf hereinfallen, sagte sie traurig.

Aber die Biografien basieren doch auf Dokumenten, auf Personalakten.

Wer nicht Sowjetbürger war, konnte unmöglich bolschewistischer Kommissar werden. Denken Sie doch mal nach. Eine solche Biografie veröffentlicht man nur, um uns zu schaden, sagte sie energisch. Damit Leute, die sich informieren wollen, zu genau den gleichen falschen Schlussfolgerungen kommen wie Sie jetzt. Nämlich: einer Gleichsetzung von Faschismus und Stalinismus.

Nein, sagte ich erschrocken, diese Schlussfolgerung habe ich doch gar nicht gezogen. Beide ließen sich von unterschiedlichen Ideologien leiten, einmal dem Rassismus und einmal

...

Man kann es überhaupt nicht vergleichen. Damit erhob sie sich. Die Frage ist falsch gestellt.

Sie ging. Meine Erlaubnis, im Archiv lesen zu dürfen, war bald darauf zu Ende. Wir tranken keinen Kaffee mehr zusammen.

Als meine Ausreiseerlaubnis bis auf den Rest von einem einzigen Tag verstrichen war, ging ich an diesem letzten Tag zu einer im Lesesaal der Westberliner Staatsbibliothek Aufsicht führenden Bibliothekarin und bat sie, in ihrer Suchkartei nachzusehen, ob es im Bestand Berichte über Prozesse im Nachkriegsdeutschland gegen Denunziantinnen der Nazizeit gibt. Sie nannte mir die möglichen Sachgebiete in den Regalen der Rechtswissenschaft. Ich suchte und las und suchte und las. Ich fand die Gegenüberstellung, nach der ich im Archiv schon gefragt hatte, in dem Buch von Rückerl, ›NS-Verbrechen vor Gericht‹, Heidelberg 1984.

In der sowjetisch besetzten Zone Deutschlands, der späteren DDR, wurden danach bis 1949/50 insgesamt 7210 NS-Täter verurteilt. 2426 wegen Denunziation, 3115 wegen Massenverbrechen, 901 als Angehörige der Gestapo und des SD, 147 Nazirichter und Staatsanwälte, 424 Menschen in leitenden Funktionen der Kriegs- und Rüstungsindustrie, 77 leitende Beamte und 120 Nazi-Beamte der örtlichen Organe.

In der amerikanischen, englischen und französischen Besatzungszone zusammen, also der späteren Bundesrepublik Deutschland, wurden insgesamt 5228 Verfahren gegen NS-Täter eröffnet. Von ihnen wurden bis 1950 aber nur 100 wegen Tötung auch verurteilt.

Am Ende dieses letzten Tages entdeckte ich ein 22 Bände umfassendes Werk, das alle Urteile sammelt, die westdeutsche Gerichte nach dem Krieg wegen Tötungsdelikten in der Nazizeit gefällt haben. Die Universität Amsterdam hat dieses Riesenwerk mit Unterstützung bundesdeutscher Wissenschaftler zusammengestellt. Das Register fehlte noch. Auf zwölf verschiedene Arten, so fanden die holländischen Historiker heraus, konnte ein Mensch am Tod eines andern in der Hitlerzeit schuldig werden. Die Denunziation hatte die Nummer elf.

Ich sah, dass ich Monate brauchen würde, um die Akten zu lesen, zu verstehen, in meinem Kopf zu ordnen.

Es war 20.30 Uhr, und die Tonbandansage begann mit der Aufforderung, die Arbeit in der Bibliothek bald zu beenden, weil die Staatsbibliothek pünktlich um 21.00 Uhr geschlossen werde. Ich hatte gerade das erste von fast 700 Urteilen gelesen: gegen die Frau, die nach dem 20. Juli 1944 den von ihr in der Jugend sehr verehrten, nun aber steckbrieflich gesuchten ehemaligen Oberbürgermeister von Leipzig, Goerdeler, verriet, dafür eine Million Reichsmark und einen Händedruck Hitlers erhielt und 1946 wegen Verbrechens gegen die Menschlichkeit mit sechs Jahren Zuchthaus bestraft worden war. Die Namen der Angeklagten und Zeugen waren abgekürzt, um ihre Persönlichkeitsrechte zu schützen.

In fünf Minuten schließen wir die Bibliothek, sagte das Tonband.

Wie im Albtraum ist das, dachte ich. Die Zeit ist um, und ich muss ein Buch zuklappen, das ich nicht lesen kann, weil zwischen dieser Bibliothek und meiner Wohnung eine Mauer gebaut wurde, weil Berlin und Deutschland geteilt wurden, weil

Deutschland den Zweiten Weltkrieg verlor, weil Deutschland den Zweiten Weltkrieg anfing, weil Deutschland die Juden fast ausgerottet hat, weil Deutschland die Demokratie zerstörte, weil Deutschland mit dem Versailler Vertrag nicht zufrieden war, weil Deutschland den Ersten Weltkrieg verlor, weil Deutschland den Ersten Weltkrieg begann, weil Deutschland Kolonien wollte, weil das Deutsche Reich gegründet worden war. Aus allen diesen Gründen konnte ich am nächsten Tag in den 22 Bänden nicht weiterlesen.

Du bist unlogisch: Ohne diese Gründe gäbe es die Akten nicht.

Wieder zu Hause, schrieb ich zwei Briefe. Den ersten an die Wissenschaftlerin im Archiv und den zweiten an den Schriftstellerverband. Den Schriftstellerverband bat ich, ein neues, zeitlich begrenztes Visum zu befürworten, um weiter in der Westberliner Staatsbibliothek lesen zu können. Es wurde mir erlaubt, und ich konnte ein paar Monate später in den 22 Bänden die Verfahren gegen Denunziantinnen heraussuchen und lesen.

Die Wissenschaftlerin im Archiv bat ich um Einsicht in unsere Gerichtsakten von Verfahren gegen Denunziantinnen. Vielleicht schrieb ich zu formlos, denn ich erhielt keine Antwort.

Darum weiß ich über das Schicksal der Denunziantinnen in dem Teil des ehemaligen Deutschland, in dem ich nicht lebte, viel mehr als über ihr Schicksal in dem Teil, in dem ich lebte. Es waren meine Mitbürgerinnen. Und wenn sie nicht gestorben sind, dann leben sie noch heute.

Das ist absurd. Wollen Sie damit sagen, dass in diesem doch konsequent antifaschistischen Teil des ehemaligen Deutschland die Denunziantinnen in Sicherheit sind? Sie vergessen völlig oder Sie verschweigen absichtlich das Entscheidende, nämlich, dass sich nach dem Krieg alle mit schlechtem Gewissen in den Westen abgesetzt haben. Wer hier blieb, war bereit zum Umdenken.

Ja, immer bereit.

Gesucht: Goerdeler

Wäre das Attentat auf Hitler am 20. Juli 1944 gelungen, wäre Dr. Carl Goerdeler Reichskanzler geworden. Aber das Attentat misslang.

Oberst Claus Graf von Stauffenberg, Chef des Generalstabs beim Befehlshaber des Ersatzheeres, und seine Mitverschworenen wurden entweder sofort erschossen, zum Selbstmord gedrängt oder verhaftet und aus der Wehrmacht ausgestoßen, um sie wie die Angehörigen ziviler Widerstandskreise vor den Volksgerichtshof stellen und zum Tode verurteilen zu können.

Nach Dr. Goerdeler wurde noch gefahndet. In ihm hatte die Geheime Staatspolizei den wichtigsten Mann des zivilen Sektors für die Umsturzpläne erkannt.

Am 1. August 1944, also zwölf Tage nach dem Attentatsversuch, erschien in allen deutschen Zeitungen ein Steckbrief von Goerdeler. Acht Tage später, als Goerdeler immer noch nicht gefunden war, wurde der Steckbrief noch einmal abgedruckt. Eine Million Reichsmark und ein Händedruck Adolf Hitlers sollten die Belohnung für die Hinweise zur Ergreifung sein.

So wurde Helene mit 44 Jahren Millionärin. Und zwei Jahre später, mit 46 Jahren, erhielt sie aus demselben Grund wegen Verbrechens gegen die Menschlichkeit eine Zuchthausstrafe von fünfzehn Jahren, die nach ihrer Berufung auf sechs Jahre herabgesetzt wurde.

Carl Goerdeler wurde am 2. Februar 1945 im Alter von 60 Jahren hingerichtet, drei Monate vor dem Ende der Hitlerzeit.

Sein Vater war Regierungsrat, Landschaftssyndikus und Mitglied des preußischen Abgeordnetenhauses – Helenes Vater Rangiermeister.

Goerdeler war nach dem Jurastudium zehn Jahre, von 1920 bis 1930, Zweiter Bürgermeister von Königsberg, Helenes Geburtsstadt.

Helene besuchte erst in Königsberg und später, nach dem Umzug der Eltern, bis zum Jahr 1918, ihrem 16. Lebensjahr, in Rauschen bei Königsberg die Volksschule. Danach arbeitete sie als Fahrkartenverkäuferin, Schneiderin und Hausangestellte. Sie wohnte weiter bei ihren Eltern in Rauschen. Als Goerdeler 1920 in Königsberg das Amt übernahm und mit seiner Familie in Helenes Nähe zog, war er 36, sie 18 Jahre alt. Helene begegnete ihnen manchmal auf der Straße: Dr. Goerdeler, seiner Frau und seinen Kindern. So kannte sie den Herrn Bürgermeister vom Sehen. Und weil er immer freundlich zurückgrüßte, behielt Helene ihn in guter Erinnerung, auch nachdem sie 1921 von zu Hause weggezogen war und nur noch den Urlaub bei den Eltern verlebte.

Als am 1. und am 9. August 1944 die Steckbriefe mit seinem Foto erschienen, war Helene 42 und Goerdeler 60 Jahre alt. 21 Jahre waren seit ihrer letzten zufälligen Begegnung auf der Straße in Rauschen vergangen.

Würde sie ihn wiedererkennen?

Helene, kinderlos und unverheiratet, arbeitete zu der Zeit als Schreibkraft einer Lohnstelle der Luftwaffe in einem Fliegerhorst. Diese Lohnstelle war in einer Gastwirtschaft in der Nähe von Rauschen untergebracht.

Beim Frühstück, das sie am 12, August wie immer im öffentlich zugänglichen Gastzimmer einnahmen, lasen alle Angestellten der Lohnstelle die Zeitung und sprachen unter anderem über den steckbrieflich gesuchten Goerdeler.

Helene, politisch nicht interessiert, auch nicht Mitglied der NSDAP, wusste, dass er mit dem Attentat auf Hitler – zwei Wochen zuvor – etwas zu tun hatte. Schon bei der ersten Veröffentlichung, am 1. August, hatte sie sein Foto auf dem Steckbrief sehr genau angesehen.

An den nächsten Tagen sammelte sie Zeitungsausschnitte und vertrat in der Frühstückspause ihren Kollegen gegenüber sehr entschieden die Überzeugung, dass sie Goerdeler nach dem Zeitungsfoto ohne Weiteres wiedererkennen könnte, auch wenn sie ihn seit 21 Jahren nicht mehr gesehen hatte. Alle bezweifelten es. Ihr Vorgesetzter sagte, dass er es für unmöglich halte. Auch er, der als Oberzahlmeister die Lohnstelle leitete, kannte Dr. Goerdeler vom Sehen, weil er früher in Königsberg gearbeitet hatte, war ihm aber auch seit mehr als zwanzig Jahren nicht mehr begegnet.

Goerdeler war sieben Jahre lang, bis 1937, Oberbürgermeister von Leipzig gewesen, gleichzeitig von 1931 bis 1932 Reichskommissar für Preisüberwachung, danach Wirtschaftsberater der Reichsregierung und dann ab 1934 wieder Reichskommissar für Preisüberwachung. 1935 war er wegen Hitlers Aufrüstungsprogramm von diesem Posten zurückgetreten.

1937 stellte er auch sein Amt als Oberbürgermeister zur Verfügung. Er protestierte auf diese Weise dagegen, dass vor dem Leipziger Rathaus die Büste des jüdischen Komponisten Felix Mendelssohn-Bartholdy entfernt worden war.

Krupp hatte ihm damals angeboten, in den Vorstand seines Unternehmens einzutreten. Das verhinderte aber die NSDAP. Daraufhin finanzierte Krupp eine Weltreise für Goerdeler, um sich durch ihn über die politische und wirtschaftliche Weltlage informieren zu lassen.

Goerdeler besuchte Frankreich, England, Amerika und den Vorderen Orient, diskutierte mit Persönlichkeiten der Wirtschaft, der Politik und des Militärs und verfasste nach seiner Rückkehr 1938 eine Denkschrift, die nicht nur seinem Auftraggeber, sondern auch Himmler, Göring und Hitler vorgelegt wurde.

Angeblich soll Hitler über Goerdelers Schlussfolgerung gelacht haben, dass die Fortsetzung der bisherigen Politik des Bluffens und der Herbeiführung vollendeter Tatsachen unweigerlich zum Kriege führen werde. Hitler meinte, dass die westlichen Demokratien weder willens noch in der Lage seien, gegen Deutschland in den Krieg zu ziehen, er sie also ruhig vor vollendete Tatsachen stellen könnte. Schon ein Jahr später war Krieg.

1944 war Deutschlands Lage so aussichtslos, dass sich einflussreiche Leute in Wirtschaft und Armee trotz unterschiedlichster Überzeugungen in einem Punkt einig waren: Hitler muss sterben.

Goerdeler erschien ihnen als der geeignete Mann, nach Hitlers Tod eine Regierung zu führen, die die vielen voneinander abweichenden Vorstellungen miteinander vereinbaren könnte.

Goerdeler führte geheime Gespräche, bildete ein Schattenkabinett und formulierte Verfassungspläne. Nach gelungenem Militärputsch sollte er vom Obersten Militärbefehlshaber zum Regierungschef und Staatsoberhaupt in einer Person ernannt werden.

Als Helene am 12. August 1944 in den Gastraum kam, um zu frühstücken, waren seit dem 20. Juli dreiundzwanzig Tage vergangen. Dreiundzwanzig Tage Illegalität für Goerdeler, dreiundzwanzig Tage Nichterkanntwerden oder dreiundzwanzig Tage Nichtverratenwerden lagen hinter ihm.

Er saß in der Ecke des Gastraums auf einem Sofa und las Zeitung, als Helene mit ihren Kollegen eintrat.

Helene glaubte, ihn zu erkennen, verwarf diesen Gedanken aber, weil sie ihn in Leipzig vermutete. Sie hielt es für unwahrscheinlich, dass Goerdeler sich ausgerechnet in Ostpreußen versteckt halten könnte.

Der Fremde auf dem Sofa schien übermüdet und hielt die Hand vor die Augen. Als sein Blick durch die gespreizten Finger auf Helene fiel, war ihr klar: Das ist er.

Sie stand auf, ging in das neben dem Gastraum gelegene Büro, ließ sich Papier und Bleistift geben und weihte die Büroangestellte ein.

Auf den Zettel schrieb sie: »Auf dem Sofa sitzt Dr. Goerdeler.« Die beiden Frauen gingen zusammen in den Gastraum.

Helene setzte sich wieder auf ihren Platz, und die Büroangestellte überreichte dem Vorgesetzten, der Goerdeler ebenfalls von früher kannte, am Nachbartisch den Zettel. Der Oberzahlmeister las ihn, drehte sich erst zu dem Fremden um, dann zu Helene, deren Schrift er erkannt hatte, und schüttelte den Kopf.

Nun trat Helene zu ihm und flüsterte: Ich glaube bestimmt, er ist es.

Der Oberzahlmeister flüsterte zurück: nur eine Ähnlichkeit.

Er unternahm nichts, und Helene setzte sich an ihren Platz zurück.

Als der Kollege neben dem Vorgesetzten, der von dem Gespräch an seinem Tisch nichts mitbekommen hatte, einer Angestellten die Anweisung gab, wegen einer ausgebliebenen Lieferung anzurufen, erhob sich Dr. Goerdeler, nahm Hut und Mantel und verließ den Gastraum. Spürte er eine Gefahr?

Nachdem Goerdeler gegangen war, begann unter den Zurückgebliebenen – es waren immerhin fünfzehn Angestellte der Zahlstelle anwesend – eine erregte Debatte. Helene beharrte darauf, dass das Dr. Goerdeler gewesen sei. Alle anderen erklärten, die Gesichtszüge stimmten mit dem in den Zeitungen veröffentlichten Bild nicht überein.

Der Vorgesetzte sagte, wenn Helene sich so sicher sei, möge sie den Landjäger rufen. Das lehnte sie ab.

Die Kollegen holten Zeitungen herbei und betrachteten das Fahndungsfoto.

Helene bedrängte ihren Vorgesetzten: Lassen Sie doch den Mann nicht laufen! Seit Goerdeler den Raum verlassen hatte, waren fünf Minuten vergangen.

Der Kollege neben dem Vorgesetzten entschloss sich, hinauszugehen und nach dem Fremden zu sehen. Auf der Straße entdeckte er niemanden und kehrte zurück. Dann holte er Mütze, Koppel und Fahrrad und fuhr gemeinsam mit Helenes Vorgesetztem etwa 600 Meter weit, dann hatten sie ihn eingeholt.

Sie baten um seine Papiere.

Er war der Gesuchte.

Sie brachten ihn zum Bürgermeister. Von dort holte ihn die Polizei ab.

Helene sah, wie er in das Polizeiauto einsteigen musste. Da weinte sie bitterlich, wie sie später vor Gericht aussagte.

Sah er sie auch? Bemerkte er ihre Tränen? Hatte er sie überhaupt erkannt, als sie in den Gastraum trat? Sie war doch für ihn nur eine Straßenpassantin gewesen, vor zwanzig Jahren.

Helenes Vorgesetzter und sein Kollege, die beiden Oberzahlmeister, erstatteten noch am gleichen Tag einen schriftlichen Bericht an den Fliegerhorst-Kommandanten und ließen Helene unterschreiben. Ein paar Stunden später wurden die drei zu einer Vernehmung gebeten, bei der Helene eine Korrektur des schriftlichen Berichts erwirkte: Die beiden Männer hatten sich selbst das Hauptverdienst bei der Ergreifung Goerdelers zugesprochen.

Aufgrund ihres Einspruchs erhielt Helene die volle Belohnung.

Ende August 1944 wurde sie im Führerhauptquartier Adolf Hitler vorgestellt. Er gab ihr den Scheck über eine Million.

Sie präsentierte den Scheck bei der Dresdner Bank in Elbing, legte 800 000 Mark in Wertpapieren an, 50 000 Mark zahlte sie auf ein Sparkonto ein. Der Stadt Königsberg und dem Roten Kreuz spendete sie je 50 000 Mark. Ihrem Schwager, einem Schlossermeister, stellte sie 50 000 Mark zur Verfügung. Für sich selbst hob sie 4000 Mark ab und kaufte davon größtenteils Geschenke. Nur 2000 Mark zahlte sie auf ihr Postsparbuch ein, hob aber nichts davon ab.

Als die Rote Armee in Elbing, wo Helene zuletzt lebte, einmarschierte, floh sie nach Berlin. Dort lebte sie zurückgezogen, ernährte sich von Näharbeiten und als Reinemachefrau und befürchtete ihre Verhaftung.

In den Monaten bis zu ihrer Festnahme beschwichtigte sie sich fortwährend, so sagte sie später vor Gericht: Es wird schon gut gehen! Ich arbeite fleißig! Ich wohne bei einem Schornsteinfeger, das bringt Glück! Es wird schon gut gehen!

Man verhaftete sie am 16. Januar 1946. An diesem Tag wurde sie 44 Jahre alt.

Helene hatte Tagebuch geführt und es in das Futter der Handtasche eingenäht. Man fand es, aber die Seiten über den Besuch bei Hitler hatte sie herausgerissen und vernichtet.

Sie legte ein volles Geständnis ab.

Sie nahm sich keinen Verteidiger. Kein Urteil, sagte sie, könne ihr die innere Verantwortung, die sie fühle, abnehmen.

Ihre Schwester bat den Rechtsanwalt Dr. Ronge um seinen Beistand. Aber Helene erteilte ihm keine Vollmacht.

Ohne davon zu wissen, bestellte das Gericht ihn als Pflichtverteidiger. Es konnte nicht ahnen, dass Dr. Ronge ein enger Freund Carl Goerdelers gewesen war.

Bevor der Rechtsanwalt die Verteidigung der Frau übernahm, die seinen Freund verraten hatte, fragte er sich, wie er in seinem Artikel ›Warum ich Helene S. verteidigte‹ (er schrieb den Namen aus) schilderte, was Goerdeler, dieser Gerechtigkeitsfanatiker, selbst dazu gesagt hätte: »Das Gegenteil von Tyrannei ist und bleibt nicht nur Freiheit, sondern vor allem die absolute Durchsetzung des Rechts.«

Ja, vielleicht hätte Goerdeler das gesagt.

Sein Plädoyer schloss Ronge mit Fragen: »Ist es wirklich so unbefriedigend, wenn man feststellen muss, dass wenigstens die Frau, die den ersten Anstoß zu dem Unglück gab, das Dr. Goerdeler betroffen hat, auch nur ein winziges Rädchen in dem Riesenwerk Hitlerschen Terrors gewesen ist, dass wenigstens sie persönlich von menschlichen Zügen nicht frei ist?

Und zum anderen: Entgiften wir die Atmosphäre, die all diese Dinge möglich machte, dadurch, dass wir hier eingreifen, solange wir nicht diejenigen auch geistig überwinden, die diese Atmosphäre erst schufen?«

Ein winziges Rädchen.

Im Zusammenhang mit dem Attentat am 20. Juli wurden 7000 Personen verhaftet und 700 beteiligte Offiziere zum Tode verurteilt und hingerichtet. Die Zahl der Erschießungen von politischen Gefangenen unmittelbar vor der Einnahme Berlins durch die Rote Armee ist darin nicht einbegriffen – so steht es in einem 1947 veröffentlichten Bericht.

Die beiden medizinischen Sachverständigen, eine Frau Professor und ein Herr Professor, bezeichneten Helene vor Gericht übereinstimmend als eine wenig ausgereifte, hysterische, gefühlsmäßig unausgeglichene, gering begabte, wenig zielstrebige, starrsinnige Persönlichkeit von geringem geistigen Format. Ihre Tat habe sie nicht aus Bosheit, Rachsucht oder Geldgier, sondern aus Geltungsbedürfnis und Rechthaberei verübt.

Aber auch derjenige, sagte das Gericht in seiner Urteilsbegründung, ist »wegen unmenschlicher Verfolgung aus politischen Gründen zu bestrafen, welcher, ohne dass er ideologisch einem politischen System nahezustehen braucht, in einer Zeit politischer Hochspannung aus scheinbar unpolitischen Beweggründen eine Handlung vornimmt, die ausschließlich politischen Zwecken dient.«

Beim ersten Verfahren im November 1946, sie hatte bis dahin schon zehn Monate in Untersuchungshaft gesessen, erhielt Helene als Strafe für ihr Verbrechen gegen die Menschlichkeit fünfzehn Jahre Zuchthaus und zehn Jahre Ehrverlust. Ihr Ver-

mögen wurde zugunsten des Alliierten Kontrollrates eingezogen.

Sie blieb aber weiter in Untersuchungshaft, weil sie im Mai
1947 zu einer neuen Verhandlung erscheinen musste und im
November 1947 wiederum und im Juni 1948 abermals. Denn ihr
Verteidiger hatte immer wieder eine Aufnahme des Verfahrens
erwirkt. Er schöpfte alle Rechtsmittel zu ihren Gunsten aus.

Zum Schluss, am 1. November 1947, erhielt sie vom Schwurgericht beim Landgericht Berlin sechs Jahre Zuchthaus und
sechs Jahre Ehrverlust. Die Untersuchungshaft wurde angerech-
net, das Kopfgeld musste sie zurückgeben und die Kosten des
Verfahrens tragen.

Ihr Vorgesetzer und sein Kollege, die beiden Oberzahlmeister, nach dem Krieg Buffetier und Arbeiter, standen im März
1948 vor der 1. Strafkammer des Landgerichts Lübeck. Sie waren
ebenfalls des Verbrechens gegen die Menschlichkeit angeklagt
und wurden freigesprochen. Die Staatsanwaltschaft protestierte
dagegen.

Im Dezember 1949 verfügte der Strafsenat des Obersten
Gerichtshofs für die Britische Zone eine neue Verhandlung.
Doch inzwischen war die Bundesrepublik Deutschland ge-
gründet, und es wurde nach neuem Recht verhandelt. Das Ver-
fahren gegen die beiden Männer wurde eingestellt, weil, wie das
Landgericht Lübeck im August 1950 feststellte,

»mit Rücksicht auf die Konfliktlage der Angeklagten, aus der
heraus sie die angeklagte Tat begangen hatten, ihre Schuld gering erscheint und daher keine höhere Strafe als sechs Monate
Gefängnis und DM 5000 Geldstrafe oder eine der Strafen zu
erwarten ist.«

Die beiden Männer beantragten trotzdem im nächsten Monat ein Verfahren gegen sich. Als ihr Verteidiger nach einigen Monaten schließlich bestätigte, dass sie wirklich ein Verfahren wollten, gab es ihr Delikt nicht mehr:

»Die deutsche Gerichtsbarkeit zur Aburteilung von Verbrechen gegen die Menschlichkeit«, schrieb das Landgericht Lübeck am 24. Dezember 1951 als Begründung für die Einstellung des Verfahrens gegen die beiden Männer, »ergab sich bisher aus KRG Nr. 10 Art. III Ziff. 1c, Ziff. 2c in Verbindung mit der Verordnung Nr. 47 der britischen Militärregierung. Durch die Verordnung Nr. 234 des Britischen Hohen Kommissars vom 31. August 1951 ist die Verordnung Nr. 47 der britischen Militärregierung mit Wirkung vom 1. September 1951 aufgehoben worden. Damit ist die bisherige deutsche Gerichtsbarkeit für die Aburteilung von Verbrechen gegen die Menschlichkeit von diesem Zeitpunkt an entfallen. Die fehlende Gerichtsbarkeit ist ein Verfahrenshindernis im Sinne des § 206a StPO.

Das Verfahren ist daher einzustellen.«

Ein Weihnachtsgeschenk.

In der Gerichtsakte ist vermerkt, dass Helene am 14. August 1944, also zwei Tage nach der Verhaftung ihres Opfers, ein Nervenfieber befiel. Sie musste einige Tage im Bett bleiben.

War es die Erwartung, von dem mächtigsten Mann im ganzen Land, vom Führer, bald berührt zu werden? An der rechten Hand, die Innenfläche dieser Hand an seiner?

Vielleicht ein Foto von ihr in der Zeitung, mit ihm?

War es der Sieg in dem Wettlauf: Ich kann besser als ihr alle beobachten, mich besser als Sie, mein Vorgesetzter, erinnern? Ich bin nicht klein und nicht dumm.

Oder hat sie die Macht krank gemacht, die sie einmal in ihrem Leben über das Leben eines anderen Menschen hatte? Über einen so wichtigen Mann?

Hat sie vom Blut gekostet, das die Mächtigen der Welt an jedem Tag trinken?

Das vierte Kind

Ein Jahr nach seinem Machtantritt ließ Hitler den Volksgerichtshof ins Leben rufen, ein politisches Gericht, das Gegner des Nationalsozialismus unter Anklage des Hoch- und Landesverrats stellte. Sein Präsident war von 1942 an Dr. jur. Roland Freisler, bis er bei einem Bombenangriff auf das Gerichtsgebäude im Februar 1945 umkam. Während seiner Präsidentschaft wurden 4951 politische Gegner zum Tode verurteilt.

Viertausendneunhunderteinundfünfzig Menschen. Einer davon war Dr. med. Alois G.

Alois G. wurde 1890 als ältestes von sechs Kindern in einer bayerischen Bauernfamilie geboren. Nach Gymnasium, Medizinstudium und Promotion ließ er sich als Landarzt in Bayern nieder und lebte mit Frau und Kind in einem kleinen Dorf.

Wegen der Bombenangriffe auf die deutschen Großstädte ab 1942 zogen viele Frauen mit ihren Kindern vorübergehend in die weniger gefährdeten ländlichen Gebiete. So auch die zweiunddreißigjährige Berlinerin Else N. mit ihren drei kleinen Kindern. Sie richtete sich in einer Jugendherberge in der Nähe der Praxis von Dr. G. ein. Kurze Zeit danach, im Juli 1943, erschien ihr Mann, der in Berlin arbeitete und sie gelegentlich besuchte, bei dem Arzt und bat ihn, gelegentlich nach seiner Frau zu sehen und sie bei der Wahl der Hebamme zu beraten, denn sie erwarte im Oktober ihr viertes Kind.

Der Arzt versprach das dem Mann, der in Wehrmachtsuniform gekommen war, und besuchte Frau N. zweimal. Das erste Mal Ende Juli und das zweite Mal Anfang August 1943.

Drei Monate später war er schon hingerichtet, aufgrund der Aussagen seiner Patientin.

Nach der ersten Untersuchung, schon im Gehen, hatte der Arzt zu Else N. gesagt, sie habe Mut, sich »jetzt noch ein Kind zuzulegen«, denn wenn »es schiefgehe« – er meinte den Krieg, nicht die Geburt –, stehe es schlimm um sie alle.

Auf den Einwand seiner Patientin, sie sei vom Sieg überzeugt, hatte der Arzt zu bedenken gegeben, dass doch immerhin, zumal nach den Ereignissen in Italien, der Krieg auch verloren werden könne. Besonders schlimm wäre, wenn »die Russen siegten«, das würde den »physischen Tod der Deutschen als Volk« bedeuten. Demgegenüber sei eine Niederlage durch die Engländer und Amerikaner das kleinere Übel.

Als seine Patientin in diesem ersten Gespräch entgegnete, die Engländer und Amerikaner »fräßen das Land ja jetzt schon auf«, antwortete er, sie stehe zu sehr unter dem Eindruck der »gefärbten Propaganda«.

Auf den erschrockenen Ausruf der Frau, was ihnen – sie dachte wohl an ihren Mann – denn im schlimmsten Falle geschehen könne, antwortete er: »Die in exponierten Stellungen sind, kommen natürlich zuerst dran – denn dann gibt es ein Massenkatyn.«

Das Verhängnis für Alois G. hatte mit einem Irrtum begonnen. Der Ehemann der Else N. aus Berlin war zwar in der Uniform der Wehrmacht zu dem Landarzt gekommen, er arbeitete aber als Oberbannführer der Hitlerjugend. Das wusste Alois G.

nicht, als er die Hausbesuche versprach. Erst bei den Besuchen erfuhr der Arzt von der Funktion des Mannes, war also vorher nicht gewarnt.

Das meiste gab der Arzt in der Verhandlung vor Freislers Volksgerichtshof zu. Freisler war überzeugt, dass der Arzt noch mehr gesagt hatte, nämlich alles, was in Frau N.s Anzeige stand. Aber er stützte sich nur auf das Geständnis des Arztes, um, wie er sich im Urteil ausdrückte, »nicht ohne Not die schwangere Frau der weiten Reise als Zeugin nach hier auszusetzen«. Freisler meinte die weite Reise von Bayern nach Berlin.

Im gesamten Prozess gab es nicht eine Gegenüberstellung der Zeugin und des Angeklagten, sondern nur eine nachträgliche Vernehmung der Frau durch einen Staatsanwalt, der deshalb eine Dienstreise von Berlin nach Bayern unternehmen musste.

Eine Äußerung, die sie bei der Geheimen Staatspolizei zu Protokoll gab, leugnete der Angeklagte während des gesamten Prozesses: Dass die politische Führung, zu der ihr Mann gehörte, im Falle einer deutschen Niederlage umgebracht werden würde.

Sie sagte wörtlich bei der Gestapo: »In meiner Bestürzung machte ich noch die Bemerkung, wenn das käme, würde doch alles sofort verbrannt werden, sodass man im Einzelnen die Betätigung der Menschen in der Bewegung gar nicht mehr feststellen könnte.« Darauf habe der Arzt erwidert: »Dafür sorgen dann schon die Nachbarn.« Er meinte damit, so verstand es jedenfalls die Zeugin Else N., dass »durch Angeberei alles aufkomme«.

Sie habe daraus geschlossen, erklärte sie bei der Geheimen Staatspolizei, dass Dr. G. Auslandssender hörte.

»Hast du Worte für dieses Schwein?«, sagte sie zu der BDM-

Führerin im nahe gelegenen Regensburg, der sie über ihr erstes Gespräch mit dem Arzt berichtete.

Anschließend schrieb sie es ihrem Mann. Er schrieb zurück, sie solle sich genau erinnern, auch beim nächsten Arztbesuch gut zuhören und ihm wieder berichten, damit er es an die richtige Stelle leiten könne.

Die Herbergseltern, bei denen sie wohnte und denen sie davon erzählte, rieten von einer Anzeige ab. Der Arzt würde sicher alles abstreiten. Sie verteidigte ihr Vorhaben: Hier gehe es nicht um »Angeberei«, sondern um »das Ganze«.

Deshalb erzählte sie auch dem Bannführer der Hitlerjugend aus der nahe gelegenen Kleinstadt, einem Polizeimeister, davon, als der sie besuchte. Seine Ansicht, dass »diesem Menschen auf die Finger geklopft« werden müsse, teilte auch die NSV-Schwester: Es sei höchste Zeit, »dem Burschen das Handwerk zu legen«, denn einem verwundeten Soldaten gegenüber habe er sich ähnlich geäußert.

Bei seinem ersten Besuch, so gab Else N. zu Protokoll, habe sie zu Dr. G. gesagt: »Herr Doktor, damit werde ich jetzt gar nicht fertig.« Er erwiderte: »Tun Sie mir den einen Gefallen und sprechen Sie mit niemand über unsere Unterhaltung.«

Aber sie sprach eben doch.

Aufgrund der Anzeige wurde Dr. G. von der Geheimen Staatspolizeistelle Regensburg vernommen und auf Weisung des Reichssicherheitshauptamtes an den Volksgerichtshof überstellt: am 3. September 1943, sieben Monate nach der Schlacht bei Stalingrad. In Italien war einen Monat zuvor Mussolini gestürzt und eine Regierung ohne faschistische Mitglieder gebildet worden. Am Tag, als Dr. G. im Einzeltransport von Bayern nach

Berlin gebracht wurde, unterschrieb das vormals verbündete Italien den Waffenstillstand mit den Alliierten. Fünf Tage später gab Eisenhower das bekannt. Ob Dr. G. noch davon erfuhr?

Am 6. September 1943 schrieb die Gauleitung Bayreuth an den Volksgerichtshof einen Brief mit der Bitte, ob die Hauptverhandlung gegen den Arzt nicht im Gau selbst durchgeführt werden könne, da sich der Gauleiter davon eine besondere Wirkung in der Öffentlichkeit verspreche.

Diese Bitte musste abschlägig beschieden werden, weil die Verhandlung bereits am 8. September in Berlin stattgefunden hatte, Alois G. schon zum Tode verurteilt und nach Plötzensee überführt war.

Der Staatsanwalt hatte während der Verhandlung am 8. September vergeblich eine Vertagung beantragt, damit die nicht geladene und darum auch nicht anwesende Zeugin Else N. vor Gericht gehört werden könne. Außerdem hatte er als Strafmaß »nur« 10 Jahre Zuchthaus und 10 Jahre Ehrverlust für den Angeklagten gefordert. Freisler lehnte diese Anträge ab und verkündete stattdessen die Todesstrafe.

In die Akte ist direkt hinter das Todesurteil eine entschuldigende Stellungnahme des Staatsanwalts eingeheftet, maschinengeschrieben, mit handschriftlichen Korrekturen: Warum er am 8. September überhaupt eine so milde Strafe gefordert habe. »Mit Rücksicht auf die schwerwiegenden Bekundungen, die die Ehefrau Else N. im Vorverfahren gemacht hat, ist die Sache seinerzeit in das Schnellverfahren übernommen worden. Nachdem aber diese wichtige Tatzeugin entgegen meinem Antrag weder zur Hauptverhandlung geladen noch durch einen beauftragten Richter vernommen worden war, hatte mein Sitzungsvertreter auf meine Weisung unter Zugrundelegung der eigenen Einlassung des Angeklagten in der Hauptverhandlung nur (dieses ›nur‹ ist eingefügt) eine Zuchthausstrafe von 10 Jahren mit entsprechendem Ehrverlust beantragt. Ich verkenne zwar nicht, dass das Verhalten des Verurteilten als Arzt gegenüber einer schwangeren Soldatenfrau außerordentlich verwerflich ist und, wenn (hier ist gestrichen worden: ›die Bekundungen der Ehefrau N. stimmen sollten und‹) die von dem Angeklagten bestrittenen weitergehenden Behauptungen der Ehefrau N. zutreffen sollten, die Vollstreckung der Todesstrafe durchaus am Platze wäre. Es erscheint mir jedoch nicht (Einfügung: ›völlig‹) unzweifelhaft, ob bei der in dem Urteil festgestellten Form der Äußerungen (›des Verurteilten‹ ist gestrichen) eine Vollstreckung der Todesstrafe unerlässlich ist.« Handschriftlich geht es weiter: »Denn in dieser Gestalt lassen die Äußerungen des Verurteilten zwar einen äußerst verächtlichen Mangel an innerer Festigkeit erkennen, beseitigen indes – namentlich beim Fehlen sonstiger dem Verurteilten nachteiliger Feststellungen – nicht den letzten Zweifel, ob es ihm in der Tat, wenn auch nur bedingt, auf eine Verhetzung der Zeugin angekommen ist.«

Zwei Tage später, am 10. September 1943, überreicht der Verteidiger Alois G.s, ein Anwalt aus dem vornehmen Südwesten Berlins, dem Reichsministerium für Justiz ein Gnadengesuch – »Eilt sehr, sofort«, rot unterstrichen – mit der beglaubigten Abschrift eines politischen Führungszeugnisses, seinerzeit ausgestellt von dem zuständigen Ortsgruppenleiter der NSDAP für die U. K.-Stellung Dr. G.s. »Leumundszeugnisse aus dem Heimatbezirk von Persönlichkeiten, die sich dazu bereit erklärt haben, werden nachgereicht«, kündigt der Rechtsanwalt in seinem

Brief an. Zunächst aber will er selbst noch etwas zur Verteidigung seines Mandanten sagen: Sein »Mandant wollte nur seiner Meinung über die Folgen eines verlorenen Krieges Ausdruck geben. Derartige Äußerungen sind aber nicht geeignet, wehrkraftzersetzend zu wirken, sondern, im Gegenteil, den letzten Widerstandswillen bei anderen zu erwecken.« Aus diesem Grunde habe auch die Tagespresse und insbesondere der Reichsminister Dr. Goebbels in seinen Artikeln im ›Reich‹ wiederholt darauf hingewiesen, welches »Schicksal Deutschland und jedem einzelnen Deutschen bevorstehen würde, wenn der Bolschewismus Einfluss auf die innerpolitischen Verhältnisse Deutschlands gewinnen« würde. Die Auffassung seines Mandanten über die Vorgänge in Italien seien »rein objektiv gemeint und eine Schlussfolgerung aus den in der Presse gegebenen Darstellungen.«

Der Anwalt fügt hinzu: »dass diese Schlussfolgerungen zutreffend waren, haben leider die letzten Ereignisse ergeben. – Auch die Bemerkung, dass Deutschland im Falle einer Niederlage vonseiten der Engländer und Amerikaner eine bessere Behandlung erfahren würde, als wenn die Sowjets ausschlaggebend wären, ist nicht geeignet, wehrkraftzersetzend zu wirken, sondern der Ausdruck einer rein subjektiven Auffassung über die möglichen Folgen eines ungünstigen Ausgangs des Krieges. Auch Katyn ist in den Tageszeitungen wiederholt und eingehend erörtert worden, und zwar immer in dem Sinne, nicht mit dem Gedanken einer Selbstaufgabe zu spielen, wie es jetzt in Italien der Fall ist, sondern alles daran zu setzen, den Krieg siegreich durchzuhalten. Dr. G., ein durchaus ruhiger und politisch niemals hervorgetretener Mann, der selbst Mitglied der NSDAP ist, hat aus seiner ganzen Einstellung heraus niemals die Absicht gehabt, Deutschland und den deutschen Wehrwillen zu schädigen. In seinem großen Arbeitsbereich hat er sich auch niemals, wie noch beizubringende Zeugnisse ergeben werden, irgendwie staatsfeindlich oder auch nur teilweise ablehnend verhalten, sondern ist überall dort, wo es darauf ankam, als guter Deutscher in die Erscheinung getreten.«

Der Verteidiger appelliert abschließend an das Ministerium, seinen Mandanten als gewissenhaften, tüchtigen, beliebten Arzt seinen zahlreichen Patienten zu erhalten.

Ich kenne den Grund nicht – vielleicht war der Entschuldigungsbrief des Staatsanwalts gar kein entschuldigender Brief, sondern wirklich ein Antrag, Else N. doch noch zu vernehmen, vielleicht hatte auch der Brief des Rechtsanwalts Erfolg – jedenfalls schrieb der Reichsminister für Justiz am 17. September 1943 an den Oberreichsanwalt beim Volksgerichtshof, dass die in der Hauptverhandlung abwesende Zeugin sofort »eingehend zu verhören« sei.

Noch am gleichen Tag geht ein Eilbrief an das zuständige Amtsgericht in Niederbayern, dass der beauftragte Reichsanwalt Dr. R. am 28. September um 13.37 Uhr in G. eintreffen werde und an einer gelben Aktentasche zu erkennen sei. Er beabsichtige, die Zeugin ab 15 Uhr in der etwa 6 Kilometer entfernt liegenden Ortschaft W. zu vernehmen, und bitte, diese zu benachrichtigen. Außerdem benötige er eine »tüchtige Schreibkraft«. Vielleicht, schlägt er vor, könne sie schon am Zug auf ihn warten, und vielleicht beschaffe man auch ein Fahrzeug. Jedenfalls benötige er eine Übernachtungsmöglichkeit, da er erst um 4 Uhr des nächsten Morgens zurückfahren könne.

Am gleichen Tag schreibt der Reichsanwalt an den Kreisleiter der NSDAP in Z., mit dem er »wegen der Persönlichkeit des Verurteilten persönlich Fühlung aufnehmen« möchte. Er meldet sich für den 29. September, also einen Tag nach dem beabsichtigten Verhör, an und bittet um Nachricht an eine Adresse in Nürnberg, weil er sich vor der Vernehmung der Zeugin beruflich dort aufhalten werde.

Am 23. September erhält der Reichsanwalt von der Gauleitung der NSDAP eine merkwürdige Antwort: Die Zeugin werde am 28. September nicht mehr im Ort zu treffen sein, sie sei dann schon umgezogen. Der Ort liege nämlich 1000 Meter über dem Meeresspiegel und sei im Winter durch die hohe Schneelage die meiste Zeit sehr schwer oder überhaupt nicht zu erreichen.

»Einer Familie«, steht in diesem Brief der Gauleitung der NSDAP vom September, »welche solche Verhältnisse nicht gewohnt ist, ist deshalb ein solcher Aufenthaltsort den Winter über nicht zuzumuten, und es ist uns auf Bitten des Mannes der Frau Else N., des Oberbannführers N., gelungen, für seine Familie in (s. o.) eine entsprechende Unterkunft zu gewinnen. Der Umzug wird noch diese Woche vorgenommen.«

Dem Reichsanwalt wird vorgeschlagen, die Fahrt von Nürnberg erst morgens 6.05 Uhr anzutreten, er sei dann 9.09 Uhr in P., 10.05 Uhr habe er Anschluss nach Z. und sei 11.47 Uhr dort. Um 14.30 Uhr könne man in der Kreisleitung der Partei mit ihm sprechen, anwesend sei dann auch der Ortsgruppenleiter. Mit dessen Kraftwagen könne man zu Frau Else N. fahren. Bei dieser Gelegenheit möchte es aber der Gauleiter nicht unterlassen, den Reichsanwalt darauf hinzuweisen, »dass die Zeugin Frau Else N. hochschwanger ist und anfangs Oktober ihrer vierten Niederkunft entgegensieht«. Dem Amtsgericht sage er Bescheid, dass die Quartierbestellung entfalle.

Einen Tag vorher aber, also am 27. September, hatte der Reichsanwalt einen Brief vom Amtsgericht erhalten, dass alles wie gewünscht organisiert sei, die Frau benachrichtigt und das Quartier bestellt.

So kann sich der Reichsanwalt gegenüber der Partei durchsetzen. Er bittet die Staatsanwaltschaft Nürnberg-Fürth um eine Schreibkraft und legt als Vernehmungstermin den 28. September, 14 Uhr, also sogar eine Stunde vor der ursprünglich beabsichtigten Zeit, fest. Die NSDAP wird davon nur in Kenntnis gesetzt.

Zum Termin muss die Zeugin erscheinen, begleitet von ihrem, wie es heißt, »auf Dienstreise befindlichen Ehemann«.

Else N. war zum Zeitpunkt ihrer Tat 32 Jahre alt.

Sie hatte ein Privat-Lyzeum in Hamburg besucht und war bis 1933, also bis zu ihrem 22. Lebensjahr, Kindergärtnerin. Weil sie langjähriges Mitglied des BDM, des nationalsozialistischen Bundes Deutscher Mädchen, war und schon vor Hitlers Machtergreifung Mitglied der NSDAP, stellte man sie nach der Machtübernahme oder Machtübergabe bei der DAF, der Deutschen Arbeitsfront, ein. Sie kam dann in den zollamtlichen Dienst und 1937 in das Personalamt der Reichsjugendführung, wo sie ihren Mann kennenlernte, den sie noch im gleichen Jahr heiratete.

Die Zeugin konnte sich bei der Vernehmung am 28. September an alles wörtlich erinnern. Sie wiederholte, ohne sich zu widersprechen, alle Aussagen, die sie einen Monat zuvor bei der Geheimen Staatspolizei gemacht hatte. So zum Beispiel ihre

Bemerkungen »Amerika und England helfen uns schon deshalb nicht, weil hinter ihnen der Jude steht« und »Der Krieg ist eine jüdische Aktion gegen das deutsche Volk« und »Dem Juden kommt es darauf an, die Mütter von den Kindern zu reißen«, aber auch Dr. G.s Antwort darauf. »Der Jude tut Deutschland nichts«, sie stünde unter dem Einfluss der Nazipropaganda. Er habe ihr geraten, dafür zu sorgen, dass ihr Mann aus seinem jetzigen Amt herauskomme, damit er nicht als Erster daran glauben müsse.

Ihre Aussage schließt mit den Worten: »Ich beurteile das Verhalten des G.« – nun war er für sie nur noch »G.« – »als eine unglaubliche Verhetzung, die ich um so gefährlicher bewerten musste, als er den Mut aufbrachte, seine Machenschaften an mir als einer schwangeren Soldatenfrau zu erproben.«

Sie brauchte ihm nie wieder unter die Augen zu treten, nachdem sie ihn verraten hatte.

Die Reichsärztekammer äußerte sich zweimal. Das erste Mal bescheinigte sie Dr. G., dass er seit 1936 oder 1937 Mitglied der NSDAP sei (Mitgliedsnummer 5220606) und bisher als »weltanschaulich einwandfrei« beurteilt werden musste. Seine Landarztpraxis habe er seit 1932 (also seit elf Jahren). Man bitte um die Übersendung des Urteils. Das geschah.

Daraufhin bedankte sich die Reichsärztekammer verbindlichst und teilte mit, dass sie nicht beabsichtige, auf das Gnadengesuch Einfluss zu nehmen.

Im Briefkopf der Reichsärztekammer steht, dass sie eine Körperschaft des öffentlichen Rechts war.

Fünf Tage vor diesem Brief hatte Italien Deutschland den Krieg erklärt.

Am 23. Oktober 1943 schrieb ein Berufskollege Dr. G.s, ebenfalls ein bayrischer Landarzt, an den Berliner Verteidiger und fügte ein Leumundszeugnis bei. Er betont darin, dass er nicht ein einziges Mal bei den vielen Anfragen in dieser Sache die Bemerkung gehört habe: Dem geschieht recht, eine Äußerung, die man bei ähnlichen Anlässen »nur zu leicht« hören könne (dieses »nur zu leicht« ist in der Akte mit Rotstift und Fragezeichen versehen worden, vielleicht von jemand, der das Gnadengesuch zu bearbeiten hatte?). In diesem Falle beobachte man nur, schreibt der Berufskollege, »Bedauern über den Unglücklichen, Bestürzung über die Unbegreiflichkeit seiner Redeweise und allgemeines Bemitleiden, auch seiner Familie. Eine Nichtvollstreckung des Urteils würde eine seelische Befreiung bewirken und wäre psychologisch von nicht zu unterschätzender Bedeutung.«

Dem Leumundszeugnis ist eine Erklärung beigefügt: Er selber sei ein alter Parteigenosse mit der ersten Mitgliedsnummer 19000, seine zweite laute 101203. Er kenne Dr. G. aus den ersten Jahren der gemeinsamen Gymnasialzeit. Dieser sei immer ein »ruhiger, nach außen hin kaum in Erscheinung tretender Mann« gewesen, »ein Grübler, der allen Dingen auf den Grund ging, stets der Beste in der Klasse. Nie hat er sich zu jugendlichen Exzessen, ja kaum zu einem verzeihlichen Jugendstreich hinreißen lassen. Alle Fragen des Lebens und der Wissenschaft fasste er mit einem bis ins Kleinliche gehenden Eifer an, ja, mit einer gewissen Pedanterie. Er war ein Wahrheitsfanatiker ohne aber die üble Eigenschaft eines Fanatikers, der die von ihm erkannte Meinung mit allen Mitteln der Beredsamkeit oder irgendwelchen Handlungsweisen bei anderen durchzusetzen versucht, ohne die geringste Aggressivität, ein abgesprungener

Theologe, der die Methoden des Klerikalismus verachtet … Er erfasste die nationalsozialistische Idee etwas langsamer als andere.«

Er, der Kollege, wisse aber, dass er »in allen Fragen mit Führer und Partei konform geht. Körperlich und seelisch geschwächt durch den schweren Beruf, Tag und Nacht in ärztlicher Bereitschaft bei schwierigstem Gelände, durch Schlaflosigkeit erregt, ist er in einem Zustand der Schwächung einer Unbedachtheit zum Opfer gefallen. Auf keinen Fall kann ich mir, der ich seine Persönlichkeit genau kenne, vorstellen, dass er mit seinen Äußerungen etwas zum Schaden des deutschen Volkes propagieren wollte.«

Als sein Kollege diesen Brief schrieb, war Dr. G. schon im Zuchthaus Brandenburg und hatte dort noch acht Tage zu leben.

Am Tag vor seiner Hinrichtung wurde in Moskau eine Besprechung der Außenminister der Alliierten beendet, in der über die Zusammenarbeit bis zum Sieg über Nazideutschland, den Eintritt der Sowjetunion in den Krieg gegen Japan, über die Gründung einer übernationalen Organisation und über allgemeine Entwaffnung nach dem Kriege verhandelt worden war.

Man einigte sich, dass deutsche Kriegsverbrecher vor Gericht gestellt und in Österreich und Italien demokratische Verhältnisse errichtet werden sollten.

Warum musste Alois G. wegen weniger Sätze sterben? Warum war er unvorsichtig zu der Fremden?

Hat er sich ihr überlegen gefühlt in seinem weißen Kittel? Oder unterlegen? Ein Bauernsohn der Städterin? Oder hat er nur einfach seine Meinung gesagt, wie schon so oft? Niemand hatte ihn bisher angezeigt oder, wenn die Partei nachfragte, sich als Zeuge gegen ihn hergegeben. Alle hatten schließlich gewusst, wie er dachte.

Warum war gerade diese Frau so gefährlich? Wollte sie ihn vernichten, weil sie fürchtete, dass er recht hatte? Weil sie Angst vor der Zukunft hatte und nur ein Mittel dagegen wusste: Der Warner musste weg, tot sein, schweigen, dann war alles nicht wahr, was er gesagt hatte, dann hatte er es nie gesagt, dann hatte sie es nie gehört? Dann würde es nie so werden, wie er prophezeit hatte?

Hat G. die Gefahr nicht gespürt? Als er von der Gestapo vernommen wurde, war es zu spät. Er war wohl zu ehrlich und auch zu stolz, um alles abzustreiten, aber einen ungefährlicheren Sinn wollte er seinen Äußerungen doch geben.

So las ich im Vernehmungsbericht der Gestapo: »Seine Auslassung, dass Frau N. noch so viel Mut habe, in der jetzigen Zeit ein Kind zur Welt zu bringen, will der Angeschuldigte mehr als Anerkennung gedacht haben, zumal er nicht zum Ausdruck gebracht haben will, dass der Krieg verloren sei, sondern vielmehr, dass er noch nicht gewonnen sei. Mit ähnlichen Abschwächungen hat der Angeschuldigte auch seine übrigen Redensarten ausgelegt. Er will nicht gesagt haben, dass uns nur Amerika und England helfen könnten, sondern will solches nur in dem Sinne geäußert haben, dass schließlich Amerika und England noch das kleinere Übel wären. Der Angeschuldigte hat ferner eine Äußerung von ihm dahin gehend, dass der Ehemann der Frau N. aus dem Dienst ausscheiden solle, in Abrede gestellt. Immerhin hat er nicht abgestritten, der Frau N. in Bezug auf ihren Ehemann erklärt zu haben, dass Leute, die derartige exponierte Stellungen hätten, im Falle einer Niederlage zuerst drankämen. Der Angeschuldigte will mit seinem Gespräch überhaupt nur die Absicht einer rein theoretischen Erörterung der Folgen eines verlorenen Krieges gehabt haben und will sich bei seinen Äußerungen nichts weiter gedacht haben, – der Angeschuldigte ist bei der zuständigen Ortsgruppenleitung der NSDAP schon lange dafür bekannt, dass er in Ausübung seines Berufes defätistische Gespräche führt. Bisher konnten indes (›indes‹ ist mit Bleistift eingefügt) keine stichhaltigen Beweise dafür erbracht werden. Erst im Falle der Frau N. konnte er der gefährlichen Flüsterpropaganda überführt werden.«

Auch Freisler sah in Alois G. eine Gefahr. Er schloss seine Urteilsbegründung vor dem Volksgerichtshof mit folgenden Worten: »Ein Arzt, der eine mit drei Kindern evakuierte schwangere Frau eines Soldaten, obgleich er wie G. Parteigenosse ist (von Freisler selbst in Klammern eingefügt: ›jetzt ausgeschlossen‹), in Ausübung seiner ärztlichen Betreuung diese Frau seelisch so misshandelt, begeht auf sie einen nicht weniger infamen Angriff wie jener andere Verbrecher, der eine Frau in der Verdunkelung vergewaltigt. (Jetzt endlich weiß ich, warum mich dieser Satz verwirrte: ›diese Frau‹ ist grammatisch überflüssig, ja falsch, als Überleitung zur Vergewaltigung taugt sie aber besser als eine zusätzlich noch schwangere.) Seine Handlungsweise hat über die Erschütterung des Siegglaubens einer solchen deutschen Frau hinaus noch eine sehr gefährliche Breitenwirkung. Denn jede Erschütterung des Siegglaubens jedes Deutschen wirkt sich bei der Enge unseres nationalsozialistischen Gemeinschaftslebens leicht auf die Haltung unserer Volksgenossen aus. G., der als gebildeter Mann eine besondere Stütze der festen Haltung unserer

Heimatfront sein müsste, hat sich durch diese Untergrabung unseres Wehrwillens (›§ 5 KSSVO‹ steht als gesetzliche Begründung in Klammern, das ist die Kriegssonderstrafrechtsverordnung) für immer ehrlos gemacht. Er musste deshalb um unseres Sieges willen mit dem Tode bestraft werden.«

Alois G. wurde am 1. November 1943 in Brandenburg mit dem Fallbeil hingerichtet. Zwei Stunden vorher teilte man ihm das mit.

Erst beim Schreiben fiel mir auf, dass in dem üblichen Vordruck »Um … Uhr wurde dem Verurteilten von der Ablehnung seines Gnadengesuchs und der bevorstehenden Hinrichtung Mitteilung gemacht« ein säuberlicher Strich mit dem Lineal gezogen war: Alois G. hatte nicht, wie viele andere, um Gnade gebeten.

Gegen die Herausgabe seiner Leiche und eine schlichte Erdbestattung war, wie in der Akte vermerkt ist, nichts einzuwenden. Die unleserliche Unterschrift eines SS-Obersturmbannführers der Staatspolizei, der über den entsprechenden Antrag der Ehefrau G. zu entscheiden hatte, steht am Schluss.

Von 1962 bis 1986 haben 16 Menschen diese Akte gelesen. Meine Unterschrift ist die siebzehnte.

Er hat das Kind, das er im Leib der Mutter mit seinen Händen fühlen und dessen Herztöne er als erster Mensch hören konnte, nie gesehen. Sie wird es im Oktober geboren haben. Und ihn töteten sie im November.

Es war sicher schon am Leben, als er starb.

Dies Kind kennt seine Hände und seine Stimme und hat alles im Bauch der Mutter gehört.

Ein Gespräch in der Kleinbahn

Am späten Abend des 10. August 1943, fast vier Jahre nach Beginn des Zweiten Weltkriegs, saß ein deutscher Invalidenrentner – Invalide des Ersten Weltkriegs – mit seiner Frau im voll besetzten Wagen der Kleinbahn von Altenheim nach Lahr und beteiligte sich an einem Gespräch, das seine ihm bis dahin unbekannte Nachbarin mit einer dritten Person über die Ernährungslage führte.

Dabei äußerte er sich abfällig über die nationalsozialistische Regierung, die damaligen Zustände in Deutschland und lobte Stalin.

Was er genau sagte?

Daran konnte sich später niemand mehr erinnern, auch nicht der Metzgermeister, der ihm gegenübersaß. Fest steht, er sprach abfällig über die Regierung. Und viele hatten zugehört, denn der Zug war voll besetzt.

Keiner der Zeuginnen und Zeugen zeigte ihn an, auch die ihm bis dahin unbekannte Nachbarin nicht, eine vierundvierzigjährige Frau aus Ottweiler an der Saar, verheiratet mit einem Kaufmann in Lahr, Mutter einer Tochter von 18 und eines Sohnes von 14 Jahren, parteilos, politisch nicht organisiert und nicht aktiv. Sie zeigte ihn nicht an, sie erzählte es aber weiter, am nächsten Tag, auf der Straße.

Sie erzählte es der Frau des Gärtners, der früher ihren Garten bearbeitet hatte. Dabei wusste sie, dass die zweiundfünfzigjährige Gärtnersfrau, die schon seit ihrer Geburt in Lahr lebte, Blockfrau der NS-Frauenschaft war, zuständig für den Wohnblock, in dem auch die Kaufmannsfrau wohnte. Die Blockfrau kam fast täglich an ihrem Garten vorbei. Dabei unterhielten sie sich oft.

Auch am Tag nach dem Gespräch in der Kleinbahn unterhielten sie sich: über die Fliegerangriffe auf Mannheim und wie es nun weitergehen werde. Und da sie der Blockfrau schon öfter, wie sie es bezeichnete, »heikle Dinge« gesagt hatte, erzählte die Kaufmannsfrau auch von dem Mann in der Kleinbahn. Einen Namen nannte sie nicht, den kannte sie ja gar nicht. Im Übrigen hatte sie noch nie davon gehört, dass die Blockfrau etwas weitergeleitet hätte.

Sogar ein Mann mit zwei Abzeichen am Revers – eins von der Partei (NSDAP) und eins von der Sturmabteilung (SA) –, der im Zug an der Tür gestanden und sich an dem Gespräch beteiligt hatte, denunzierte den Invalidenrentner nicht.

Der Abzeichenträger wurde von den Zeugen später als ein Mann zwischen 30 und 35 Jahren beschrieben. Er habe die fraglichen Äußerungen als kommunistische Propaganda bezeichnet; der andere solle ins Feld gehen und sich die Kugeln um den Kopf pfeifen lassen, dann werde er anders denken lernen. Der Abzeichenträger stieg in Lahr-Dinglingen aus, ohne etwas gegen den Invalidenrentner zu unternehmen. Dieser fuhr im Zug weiter, neben sich die ihm bis dahin Unbekannte, bis er plötzlich aus dem noch fahrenden Zug in Lahr absprang.

Der Invalidenrentner wurde von der Blockfrau, die ihn weder kannte noch mit ihm in der Bahn gefahren war, am selben Tag, als sie die Geschichte von der Kaufmannsfrau erfuhr, oder am Tag danach beim Kreisamtsleiter in der Kreisleitung denunziert. Als Zeugin benannte sie außer der Kaufmannsfrau auch den Metzgermeister. Die Frau des Kaufmanns war sich nach dem Krieg, als Angeklagte vor Gericht, nicht sicher, ob sie der Blockfrau bei dem Gespräch auf der Straße den Metzgermeister als weiteren Zeugen genannt hatte.

Aber woher sollte die Kreisleitung sonst von dem Metzgermeister gewusst haben?

Ein paar Tage später wurden die Frau des Kaufmanns und der Metzgermeister, unabhängig voneinander und ohne dass sie voneinander wussten, zur Kreisleitung bestellt und befragt.

Die Frau des Kaufmanns machte zunächst keine Angaben, erklärte, den Tatsachen entsprechend, sie müsse verreisen, und wurde deshalb entlassen.

Aber wenige Tage danach erschien bei ihr zu Hause ein Beamter der Geheimen Staatspolizei und wollte von ihr wissen, wer in der Kleinbahn auf das Dritte Reich geschimpft habe. Es war derselbe Beamte, der ein Jahr zuvor mehrmals ihren Mann verhört hatte, weil der sich unfreundlich über einen Kreisleiter geäußert hatte,

Sie fürchtete sich vor dem Beamten. Als sie sagte, sie kenne den Mann im Zug nicht, sollte sie nähere Angaben über sein Aussehen machen. Gleich beim ersten Mal – oder bei einer späteren Befragung, sie wusste es fünf Jahre später als Angeklagte vor Gericht nicht mehr – zeigte ihr der Beamte der Geheimen Staatspolizei Fotografien des Invalidenrentners und fragte, ob das der Mann sei. Sie bejahte und erzählte auch Einzelheiten, nachdem ihr der Beamte der Geheimen Staatspolizei – wie sie vor dem Gericht nach dem Krieg zu ihrer Entschuldigung angeführte – für den Fall zu ungewisser Auskünfte in scharfem und rücksichtslosem Ton mit Gefängnis gedroht hatte. Außerdem habe der Metzgermeister schon alles genau dargestellt, sagte der Gestapomann.

Die ehemalige Blockfrau brachte nach dem Krieg als Angeklagte vor dem Gericht zu ihrer Entschuldigung vor, dass sie die strenge Anweisung hatte, jede negative politische Äußerung sofort zu melden. Sie habe es als ihre Pflicht angesehen, die staatsfeindlichen Äußerungen im Zug anzuzeigen, habe es aber nur sehr widerwillig getan. Wenn die Frau des Kaufmanns ihr die Äußerungen nicht wiedergegeben hätte, hätte sie den ihr unbekannten Mann nicht anzeigen können. Sie habe ihm schließlich nicht schaden wollen.

Allerdings habe sie Angst vor erheblichen Unannehmlichkeiten gehabt, wenn sie die Anzeige unterlassen hätte und später herausgekommen wäre, dass sie informiert gewesen war: Wenn zum Beispiel die Frau des Kaufmanns noch einem anderen Menschen etwas erzählt und dabei erwähnt hätte, dass sie, die Blockfrau, es auch schon wisse. Außerdem hatte sie, die Blockfrau, vor der Anzeige alles schon der Frauenschaftsleiterin erzählt. Wenn sie selbst nicht zum Kreisleiter gegangen wäre, dann wäre eben die Frauenschaftsleiterin hingegangen.

Sie sei zu gewissenhaft und auch zu gutmütig gewesen, um die Frau des Kaufmanns aufzufordern, die Anzeige selbst zu erstatten. Aber immerhin habe die Frau des Kaufmanns zu ihr, der Blockfrau, sehr empört gesprochen und gemeint, die Sache gehöre angezeigt.

Das Gericht nach dem Krieg nahm der ehemaligen Blockfrau

ihre Ausflüchte nicht ab. Sie sei die Vertraute der Frauenschaftsleiterin gewesen und habe in Parteikreisen einen starken Rückhalt gehabt, sodass sogar der Kreisleiter persönlich ihre Tochter getraut habe. Was für eine Gefahr, fragte das Gericht, sollte da von der Frau des Kaufmanns ausgehen, die wie ihr Mann nicht einmal Mitglied der NSDAP war und mit ihm schon das Fürchten vor der Geheimen Staatspolizei gelernt hatte?

Der Invalidenrentner kam zwei Wochen nach der Denunziation in sogenannte Schutzhaft. Ein halbes Jahr später wurde er vom Oberlandesgericht Stuttgart, das in Offenburg tagte, wegen Vorbereitung zum Hochverrat und Zersetzung der Wehrkraft zu zwei Jahren Zuchthaus verurteilt.

Vor dieser Verhandlung hatte die Tochter des Invalidenrentners im Gerichtsgebäude und nach der Verhandlung in der Bahnhofshalle in Lahr Zusammenstöße mit der Frau des Kaufmanns. Sie beschuldigte diese, ihren Vater angezeigt zu haben.

Im Gegensatz zur Tochter hat die Frau des Invalidenrentners nicht gehört, was die Kaufmannsfrau vor dem NS-Gericht gegen ihren Mann aussagte – so steht es im Urteil des Nachkriegsgerichts. War sie nicht bei der Verhandlung dabei? Oder sind die Zeugen einzeln befragt worden?

Zur Verbüßung der Strafe wurde der Invalidenrentner ins Zuchthaus Ensisheim gebracht. Nach sechs Monaten, inzwischen war schon ein ganzes Jahr seit dem Gespräch in der Kleinbahn verstrichen, kam er in die Untersuchungshaftanstalt Berlin-Moabit, weil der Oberreichsanwalt bei dem Präsidenten des Besonderen Senats beim Volksgerichtshof gegen das angeblich zu milde Urteil Einspruch erhoben hatte. Drei Monate später, Ende November 1944, konnte aber die vor diesem Besonderen

Senat festgesetzte Hauptverhandlung nicht stattfinden, weil keiner der Zeugen erschienen war, auch die Frau des Kaufmanns nicht. Um sich vor ihrer Zeugenaussage bei der Verhandlung zu drücken, bei der sie wieder vereidigt worden wäre und die Wahrheit hätte sagen müssen, hatte sie ein ärztliches Attest eingereicht. Das sagte sie vor dem Gericht nach dem Krieg als Angeklagte.

So konnte zwar keine strengere Strafe gegen den angeblichen Wehrkraftzersetzer und Hochverrat Vorbereitenden ausgesprochen werden, aber man brachte den inzwischen Achtundfünfzigjährigen in das KZ Dreibergen bei Bützow in Mecklenburg.

Bis zur Befreiung dieses Lagers durch sowjetische Truppen im Mai 1945 musste er noch ein halbes Jahr dort zubringen. Erst ein weiteres halbes Jahr danach, im November 1945, kam er wieder nach Haus, mit Lungentuberkulose, in hoffnungslosem Zustand. Einen Monat später starb er. Am 15. Dezember 1945, mit 60 Jahren.

Drei Jahre später wurde seine Denunziantin, die ihn weder vom Namen noch vom Augenschein kannte und von seinen Äußerungen nur auf der Straße gehört hatte, wegen Verbrechens gegen die Menschlichkeit vom Schwurgericht des Landgerichts in Offenburg zu vier Monaten Gefängnis verurteilt. Sie war inzwischen 57 Jahre alt. Die Mitangeklagte, die dem Opfer unbekannte, inzwischen neunundvierzigjährige Kaufmannsfrau, die nie der Partei oder einer ihrer Gliederungen angehört hatte, politisch nie in Erscheinung getreten und auch nicht vorbestraft war, wurde freigesprochen, weil sie, wie das Gericht feststellte, nicht denunzieren wollte. Im Urteil steht: Sie hat nur dumm geschwätzt.

Der »Tatort« ist die Bahnstrecke von Altenheim nach Lahr. Altenheim liegt in der Nähe von Offenburg und Lahr im süddeutschen Baden-Württemberg.

Der Invalidenrentner hatte an dem Tag, der über seinen baldigen Tod entschied, Geburtstag: Er wurde 58 Jahre alt. Geboren in einem Dorf bei Karlsruhe, hatte er Maurer gelernt. Kurz nach seinem 29. Geburtstag musste er als Infanterist in den Ersten Weltkrieg. Aus dem vierjährigen Krieg kam er schwer krank an Herz und Lunge zurück und wurde mit 33 Jahren als hundertprozentig kriegsdienstbeschädigt anerkannt. Noch 20 Jahre, bis 1938, also bis zu seinem 53. Lebensjahr, arbeitete er trotzdem. Als er das nicht mehr schaffte, musste er mit seiner Familie von 280 Reichsmark Kriegs- und Invalidenrente im Monat leben.

Vor der Hitlerzeit war er einige Jahre Mitglied der Kommunistischen Partei Deutschlands gewesen, und seine erste Ehefrau war Abgeordnete der KPD im Badischen Landtag.

Seine Mitfahrer am 10. August 1943, die er alle nicht kannte und die später als Zeugen vor Gericht geladen wurden, berichteten, er sei etwas alkoholisiert gewesen. Es war schließlich sein Geburtstag.

Beschwipst brachte er es nicht über sich, in der Öffentlichkeit den Mund zu halten. Aber warum saß er nicht zu Hause, als Gastgeber? Warum schimpfte er stattdessen in einer Kleinbahn auf das Regime? Vor Unbekannten? Hatte er seinen Geburtstag woanders gefeiert? In seinem Geburtsdorf weiter nördlich, bei Karlsruhe? Vielleicht hatten die Verwandten schon am Kaffeetisch die politische Lage besprochen?

1943 schlugen die von Deutschland überfallenen Länder zurück. Die Rote Armee hatte Stalingrad und Orel zurückerobert, nahte mit ihren Panzern, die britischen und amerikanischen Fliegerbomben zerstörten deutsche Großstädte im Ruhrgebiet, aber auch Lübeck, Berlin, Köln und Hamburg. Dresden war noch nicht zerstört. Die nationalsozialistische Regierung begann, die nicht arbeitende Zivilbevölkerung aus den Großstädten zu evakuieren.

Während dieses Krieges, ohne Aussicht auf Frieden, saß der Mann, noch nicht alt, aber herz- und lungenkrank vom vorigen Krieg, in Deutschland, für das er sich eine andere Regierung wünschte, in der Kleinbahn, an seinem Geburtstag, spät am Abend auf dem Weg nach Hause.

Auf der einen Seite die lebhafte, ins Gespräch vertiefte junge Frau und auf der anderen Seite seine eigene Frau, die nicht auf das Gespräch im Zugabteil achtete und sich darum weder beim Offenburger Gerichtsverfahren gegen ihren Mann vor dem Kriegsende noch bei dem Offenburger Gerichtsverfahren gegen die unbekannte Zugnachbarin und die unbekannte Denunziantin nach dem Kriegsende an Einzelheiten erinnern konnte.

Sicher kannte sie die politische Meinung ihres Mannes zur Genüge. Vielleicht hatte die Geburtstagsfeier sie schläfrig gemacht. Vielleicht unterschätzte sie die Gefahr, in die er sich mit seinen Reden begab, jedenfalls warnte sie ihn nicht, beruhigte ihn nicht.

Sie ließ ihn allein mit seiner Verräterin.

Der unerreichbare Mann

Es ist Frieden.

Seit vier Jahren ist der Krieg vorbei. Und jetzt muss ich für sechs Jahre ins Zuchthaus. Da werde ich eine alte Frau. Ich werde 40 sein, wenn ich wieder herauskomme. Wer soll mich dann noch heiraten? Er?

Ihn würde ich nehmen, sofort.

Aber wie er gestern über mich gesprochen hat, im Zeugenstand, er Zeuge, ich Angeklagte. Nicht ein einziges Mal hat er mich angesehen.

Ich dachte, sprich weiter, dass ich wenigstens deine Stimme höre, wenn du mich schon nicht ansiehst. Du verachtest mich nicht, gib es zu, du hasst mich.

Er hasst mich – und ich kann es verstehen.

Ich habe F. auch gehasst. Ich habe ihn gehasst, weil er mich verraten hat. Es hätte bei mir tödlich ausgehen können, genau wie bei ihm. Wir sind also quitt.

F. hat vergessen, dass wir quitt sind.

Gestern, als ich ihm zuhörte beim Gericht und seinem Blick begegnen wollte – ich musste sehen, ob er mich noch liebt, vier Jahre hatte ich ihn nicht gesehen –, da spürte ich, dass er mit mir nicht fertig ist. Liebe spürte ich bei ihm nicht, aber Gleichgültigkeit auch nicht. Er hat mit mir noch etwas auszumachen. Ich auch – mit ihm.

Und falls er verheiratet ist, wenn ich aus dem Zuchthaus komme – diesmal wird er sich scheiden lassen. Er wird sich scheiden lassen, und er wird eine Zuchthäuslerin heiraten. Ich sage es ihm voraus.

Er müsste mich umbringen, um mich loszuwerden.

Doch die Zeiten sind anders. F. wird es nicht mehr so leicht haben wie ich damals. Er müsste Hand an mich legen, mich erwürgen, mich totschlagen. Er wird sich hüten.

Und er wird mich immer in seiner Nähe haben. Ich werde ihn nachts anrufen, werde in der Nachbarschaft von ihm ein Zimmer nehmen, werde mit ihm in der gleichen Straßenbahn fahren, wir werden den gleichen Weg zur Arbeit haben, denn ich werde im gleichen Betrieb arbeiten wie er, niemand kann mir das verbieten, ich werde ihn immer verfolgen. Ich werde nachts auf seinem Balkon hocken, vor den geöffneten Balkontüren, und wenn er sich auf seine Frau legt, werde ich dabei sein.

Er wird mir nicht entfliehen, wenn ich aus dem Zuchthaus komme in sechs Jahren. Denn mich wird man nie wieder hinter Gitter bringen. Ich werde einfach nichts mehr tun, was verboten ist. Oder was später plötzlich verboten ist. Ich werde aus meinen Erfahrungen gelernt haben: Zwar war damals nicht verboten, was ich tat, aber ein Jahr später – da war es plötzlich verboten, nur weil Deutschland eine andere Regierung bekam.

Erst haben sie mich bezahlt. Sie gaben mir 80 Mark im ersten Monat, in den nächsten 60, damit ich ihnen etwas über bestimmte Leute berichte, über ihre Gespräche und Meinungen. Wussten sie es nicht selbst? Vielleicht wollten sie es nur immer wieder hören?

Dann ließen sie mich im Stich. Als sie merkten, es geht zu

Ende mit ihrer Macht, begannen sie, ihre Flucht vorzubereiten, ihre Spuren zu vernichten, ihre Akten zu verbrennen. Die letzten drei Monate gaben sie mir nicht mal mehr Geld.

Und nachdem sie mit ihren verwischten Spuren, mit weißen Westen und sauberen Händen davongekommen waren, gab es eine neue Regierung, und ich musste als Angeklagte vor Gericht. Nun bin ich der miese Spitzel, und sie sind die ehrenhaften Zeugen. Sie haben nur ihre Pflicht getan als Beamte, aber ich habe mich als Spitzel angeboten. Sie hätten einfach nicht gewusst, wie sie mich loswerden konnten. Niemals hätten sie mir Aufträge gegeben, ich hätte von mir aus Denunziationen geschrieben, da mussten sie die armen Leute verhaften.

Das sollte F. nicht vergessen: Er hat angefangen, und ich habe mich gerächt.

F. ist Hammerschmied, und mein Vater war Sägenschmied. Wir passen zusammen. Hatte ich ihm damals nicht erzählt, dass mein Vater nach der Arbeit am liebsten zu Hause blieb? Er fühlte sich bei seiner Frau wohl.

F. hätte sich bei mir zu Hause auch wohlgefühlt. Aber er hat es nie versucht.

Er hatte einen falschen Eindruck von mir. Hat mich für leichtfertig gehalten, für oberflächlich. Dabei mache ich einfach nur, was ich will.

Ich verstehe nicht viel von Kunst, aber einmal habe ich mich wiedererkannt. Da, habe ich erschrocken gedacht, da auf der Bühne stehe ich. Von mir wird erzählt: Carmen.

Zweimal in meinem Leben sind meine Eltern mit mir ins Stadttheater gegangen, als Kind in »Dornröschen« und nach der Konfirmation in »Carmen«.

Dornröschen oder Carmen. Das ist die Frage. Geliebt werden oder lieben. Vielleicht schließt es sich gar nicht aus?

Ich jedenfalls finde es lächerlich, auf einen Mann zu warten und sich wachküssen zu lassen. Ich will lieber selbst aussuchen und verlassen.

F. habe ich mir ausgesucht, aber ich habe ihn nie verlassen.

In unserem siebenten Jahr muss ich hinter Gitter, seinetwegen.

Dass er verheiratet war, als ich ihn 1942 kennenlernte, vor sieben Jahren, ist nicht seine Schuld. Es können nicht alle Männer frei sein, die einem gefallen. Auch dass er in der zweiten Ehe lebte, sprach nicht gegen ihn. Ich sah ein, dass er sich meinetwegen nicht sofort scheiden lassen konnte, mich erst kennenlernen wollte. Ich habe ihn sowieso als meinen Mann gehabt.

Als sie aber starb, seine zweite Frau, zwei Jahre nach unserm ersten Mal, war für mich selbstverständlich, dass F. mich heiraten würde.

Das hat er nicht getan. Mir dämmerte: Er hat mich nie als seine richtige Frau gesehn. Und wenn sie nicht gestorben wäre, er hätte sich nie von ihr getrennt. Meinetwegen nicht.

Da war es vorbei mit meiner Sanftmut, meiner Geduld. Ich wollte ihn strafen und überlegte, wie wohl am besten. Mit einem andern Mann, nicht wahllos, sondern mit einem, den ich mir aussuchte. Als Packerin in der Fabrik sah ich sie täglich bei der Arbeit, die Fremdarbeiter. Ich war ja auch dienstverpflichtet, aber diese Ausländer wurden gehalten wie Gefangene. Man sah, dass sie hungrig waren, und wir durften keinen Kontakt zu ihnen haben, nicht mit ihnen sprechen und ihnen nichts zum Essen schenken. Nachts schliefen sie alle im Remscheider Ausländerheim. Tags gab ich ihnen heimlich Lebensmittel, und nachts besuchte ich den, der mir am besten gefiel. Beides war verboten, darum habe ich es F. erzählt. Er sollte aufwachen.

Aber er hat mich angezeigt und mich eines Nachts von der Polizei aus dem Heim holen lassen.

Das ging zu weit, er hat sich in den Mitteln vergriffen, so konnte er nicht mit mir verfahren.

Wenn er mich nicht heiraten wollte, wozu brauchte er mich dann? Schlafen konnte ich auch mit den fremden Männern, ja, das Gefährliche, Verbotene hat mich auch gereizt. Sehr zärtlich, sehr ausgehungert waren diese sogenannten Untermenschen. Und dankbar für das bisschen Brot, das ich mitbrachte.

F. wusste wie ich, dass manchen Frauen öffentlich die Haare geschoren wurden, wenn sie mit Fremdarbeitern ertappt wurden. Mit einem Schild um den Hals mussten sie am Marktplatz stehen: »Ich bin am Ort das größte Schwein, ich lass mich nur mit Polen ein.« F. wusste, dass diese Männer deshalb aufgehängt werden konnten. Er hat mich und diese Männer der Willkür ausgeliefert. Aus Stolz, aus Eigenliebe? Dabei hätte er mich haben können, für ein ganzes Leben.

Ich erinnere mich noch genau an jene Nacht im Ausländerheim. Denn sie hat mein Leben entschieden, mich kalt gemacht für viele Jahre. Wer weiß, ob ich mich jemals aus dieser Erstarrung wieder löse. Ich lag auf der Pritsche des Polen, er hatte mich hereingeschmuggelt, wir versuchten, leise zu sein, ich vergaß es. Kurz bevor ich zum zweiten Mal kam, wurde die Deckenbeleuchtung angeschaltet, deutsche Polizisten zerrten mich aus seinem Bett, nackt wie ich war, führten sie mich ab. Und F. stand am Ausgang und nickte: Ja, das ist sie. – Ich schrie:

Dir werde ich das schon anstreichen, von wegen ausländische Sender hören!

Er sah mich erschrocken an, das hatte er mir nicht zugetraut.

Ich wusste, dass er gar keinen Radioapparat mehr hatte, seitdem er ausgebombt war.

Die Aussicht auf Rache gab mir Kraft während des Verhörs bei der Geheimen Staatspolizei. Und ich zeigte ihn an, noch in der gleichen Nacht. Damals stand auf Abhören feindlicher Sender schon die Todesstrafe.

Und dann bat ich den Kommissar der Geheimen Staatspolizei, der mich verhörte, ob ich nicht für ihn arbeiten dürfe. Ich würde über alles berichten, was er wolle, über Arbeiter in der Fabrik, Gespräche in Gaststätten, Soldaten auf Urlaub, über bestimmte Leute, er brauche mir nur ihre Namen zu nennen, er könne sich auf mich verlassen, ganz wenig Geld brauche er mir nur zu geben. Hauptsache, er lasse mich frei.

Er stellte mich ein als Vertrauensperson der Geheimen Staatspolizei. Ich brauchte nicht mehr in die Fabrik. Auf dem Arbeitsamt sagte ich, dass ich jetzt zur Gestapo dienstverpflichtet sei, aber das stimmte natürlich nicht. Denn Spitzeln ist eine freiwillige Tätigkeit. Der Staatsanwalt sagte gestern sogar: »Die Tätigkeit als Vertrauensperson hat ja überhaupt eine innere Bereitwilligkeit und Einsatzbereitschaft geradezu zur Voraussetzung jeden auch nur einigermaßen erfolgreichen Wirkens, und sie entzieht sich dadurch schon ihrer Art nach der Anwendung von Zwang.«

Er wollte mich dadurch belasten. Aber er irrt sich. Niemand kennt meinen Freiheitsdrang. Ich würde alles tun, nur um nicht unfrei zu sein. Und ich habe alles getan.

Ich habe mir vier andere junge Männer als Opfer ausgesucht, ihr Schicksal sollte F. Warnung sein.

Ihn habe ich in dieser ersten Nacht mit einem Grund verraten, der ihm nicht zum Verhängnis werden konnte. Ich wusste ja, dass er keinen Radioapparat mehr hatte. Also konnte er (zumindest in seiner eigenen Wohnung – und das hatte ich ausgesagt) gar keine Rundfunksendungen gehört haben.

Aber das wusste nur ich, die Gestapo wusste es nicht. Sie konnte ihn wenigstens verhaften und eine Nacht lang verhören!

Nach dem Vorfall im Ausländerheim verabredeten wir uns nicht mehr, und ich wartete Tag für Tag darauf, dass sie ihn verhafteten. Doch den Mai und den Juni hindurch blieb er auf freiem Fuß. Ich sah ihn auf der Straße. Sollte mir die Gestapo nicht geglaubt haben?

So entschloss ich mich zu meiner ersten gefährlichen Anzeige. – Ich erinnerte mich an einen jungen Mann, der im Januar desselben Jahres, 1944, mit seinem Freund, einem Soldaten auf Weihnachtsurlaub, am Nebentisch in einer Gaststätte gesessen hatte. Der Soldat hatte eine Flasche Schnaps mitgebracht, und die tranken sie. Ich unterhielt mich mit einer Freundin, der junge Mann gefiel mir, ich lehnte mich im Stuhl zurück und bat ihn: »Gib mir auch ein Glas!« Aber er gab mir keins.

Heute sage ich mir, dass er das ja auch gar nicht konnte, denn die Flasche gehörte ihm ja nicht. Aber in dem Moment war ich in meinem Stolz verletzt und sagte zu meiner Freundin:

»Den bringe ich mal woandershin.«

Ende Juni, fast ein halbes Jahr später, nachdem ich vergeblich auf F.s Verhaftung gewartet hatte, ging ich zur Gestapo und zeigte den jungen Mann an, wegen staatsfeindlicher Äußerungen in der Gaststätte damals gegenüber einem Soldaten.

Am 4. Juli verhafteten sie endlich F. Fünf Tage später, am 9. Juli 1944, war er noch nicht wieder frei, also hatte mich die Gestapo diesmal ernst genommen. An diesem Tag hatte mich ein Mann eingeladen, mit ihm und seinem Freund einen Ausflug mit seinem Auto zu unternehmen. Der Freund beachtete mich gar nicht. Sollte mich die Sache mit F. so mitgenommen haben, dass ich nicht mehr auf Männer wirkte? Dass nicht das geschah, was schon ganz selbstverständlich für mich war? Jeder Mann, der mich kennenlernte, versuchte, unter dem Tisch an mein Knie oder meinen Fuß zu stoßen, um zu sehen, wie ich reagiere. Dieser Mann tat das nicht, und ich wurde unsicher und mürrisch.

Wir fuhren in ein Gartenlokal und hörten dort über einen Lautsprecher den Wehrmachtsbericht. Der Freund des Mannes sagte: »Man sollte den Rundfunkapparat abstellen, ist doch alles Quatsch.« Er erzählte dann noch, dass er vor vier Jahren in der und der Gaststätte auch schon Ähnliches gesagt habe.

Ich zeigte das, was er in meiner Gegenwart gesagt hatte, aber auch das, was er von früher erzählte, noch am nächsten Tag bei der Gestapo an. Zwei Tage später holte die Gestapo den jungen Mann, der mir keinen Schnaps gegeben hatte, ab. F. war immer noch hinter Schloss und Riegel.

Vier Tage nach der Verhaftung des jungen Mannes, der mir keinen Schnaps gegeben hatte, ging ich am Sonntagvormittag vor der Kirche auf und ab und wartete auf die Gottesdienstbesucher, die bald herauskommen mussten.

Einen von ihnen, einen jungen Mann, sprach ich an: »Kennst du mich denn nicht mehr?«

Er entschuldigte sich, nein.

Natürlich konnte er mich nicht kennen.

Ich sagte, dass ich auch im Gottesdienst gewesen sei und ihn wiedererkannt hätte.

Eigentlich wollte er nach Hause, denn er war Soldat auf Urlaub, die Wehrmacht hatte ihn zur Arbeit in seinen Betrieb, die Deutschen Edelstahlwerke, beurlaubt, aber er lud mich doch kurz zu einem Bier ein, wohl, weil ihm seine Vergesslichkeit peinlich war. Ihm gefiel ich, und er vertraute mir seine politische Meinung an: Er sei »Gegner der nationalsozialistischen Regierung«, er werde »ihr das Genick brechen, wo er nur könne«, er sei mit einem russischen Kommissar bekannt, die V-Waffe sei im Wesentlichen »ein Bluff«. Dabei trank er auf die zukünftige Regierung. – Ich zeigte ihn an.

Vier Tage später, am 20. Juli 1944, fand das Attentat auf Adolf Hitler statt.

Zwei Tage nach dem Attentat lud mich ein junger Mann, ein Polizeireservist, zu einer privaten Feier in die Wohnung eines Bäckermeisters ein. Ich dachte, dass er mich für sich eingeladen habe, aber als ich abends zu der Feier kam, musste ich feststellen, dass er schon eine Freundin hatte. Ich war für den andern Mann gedacht, den Bäckermeister.

Der Polizeireservist begann sich zu betrinken und sagte dabei: »Die Russen stehen kurz vor Berlin. In einem Monat ist der Krieg zu Ende.« Ich stimmte ihm zu.

Der Bäckermeister bekam es mit der Angst vor eventuell lauschenden Nachbarn zu tun und schlug uns darum vor, zusammen in eine Gaststätte zu gehen. Das taten wir. Wir kamen unter ein Hitlerbild zu sitzen, und der Polizeireservist sagte:

»Schade, dass die Sache nicht geklappt hat, sonst wären wir den Brunkopp los.« Als die Gaststätte schloss, gingen wir in die Wohnung des Bäckermeisters zurück und feierten dort bis in den frühen Morgen.

Noch am gleichen Tag zeigte ich den Polizeireservisten bei der Gestapo an.

Zehn Tage nach dieser Anzeige, am 2. August 1944, holte die Gestapo erst einmal den Freund des Mannes, der mich bei der Autotour so gleichgültig behandelt hatte.

F. blieb weiter in Haft.

Später, am 8. August 1944, holte die Gestapo den Polizeireservisten ab.

Den Soldaten vom Gottesdienst, auf Urlaub in den Deutschen Edelstahlwerken, der angeblich den russischen Kommissar kannte, verhafteten sie nicht. Vielleicht wollten sie den russischen Kommissar in eine Falle locken?

Inzwischen saßen also vier Männer hinter Gittern: der, der mir keinen Schnaps gegeben hatte, der gleichgültige Freund von der Autotour, der Polizeireservist, der schon eine Freundin hatte, und F..

Ihm machten sie als Erstem den Prozess, am 2. September 1944, zwei Monate nach seiner Verhaftung. So lange war er in Untersuchungshaft, den ganzen schönen warmen Sommer 1944 musste er im Gefängnis sitzen, das war seine Strafe.

Sein Rechtsanwalt bezweifelte meine Glaubwürdigkeit. Ich war die einzige Zeugin, und ich machte es ihm leicht, mich zu widerlegen und mich in Widersprüche zu verwickeln.

Damit F. mich ernst nahm und auch wusste, dass ich ihm nicht wirklich schaden wollte, sagte ich vor seinen Ohren, dass ich nach ihm noch vier weitere Männer bei der Geheimen Staatspolizei angezeigt hatte, aber wegen anderer und schlimmerer Delikte, wegen Staatsgefährdung, Defätismus, Wehrkraftzersetzung und öffentlicher Herabwürdigung der führenden Männer in Staat und Partei.

Das war die Wahrheit, im Gegensatz zu meiner Anschuldigung gegen ihn.

Und die Gestapo fand es heraus. Der Prozess wurde wegen meiner mangelnden Glaubwürdigkeit vertagt.

Ende September holten sie den Soldaten auf Urlaub in den Deutschen Edelstahlwerken ab. Sie brachten ihn, weil er Soldat war, vor das Zentralgericht des Heeres und von dort zum Volksgerichtshof. Eine Verhandlung dort fand nicht mehr statt, aber als der Krieg zu Ende war und er zurück nach Remscheid kam, musste er schon drei Wochen später schwer krank ins Krankenhaus, wo er starb. Die Haft hatte ihn getötet.

Anfang Dezember wurde der Polizeireservist vom SS- und Polizeigericht Düsseldorf zum Tode verurteilt. Durch merkwürdige Umstände wurde das Urteil aber dem dafür zuständigen Himmler nicht zur Bestätigung vorgelegt, und er blieb am Leben. Bis zum Kriegsschluss wartete er jeden Tag auf seine Hinrichtung.

Der gleichgültige Freund von der Autotour und der junge Mann, der mir keinen Schnaps eingeschenkt hatte, blieben in Untersuchungshaft, ohne dass ihnen der Prozess gemacht wurde. Aber sie starben beide am 9. Februar 1945, als auf das Untersuchungsgefängnis eine Bombe fiel. Ich glaube, Gefangene wurden bei Bombenalarm nicht in Luftschutzräume gebracht.

F. war zu dieser Zeit aber schon in Freiheit. Bei der zweiten

Gerichtsverhandlung am 21. Dezember 1944 wurde er endgültig freigesprochen und zwei Tage später von der Gestapo nach Hause entlassen.

Ich hatte fast ein halbes Jahr um ihn gebangt.

Anfangs, als der Krieg vorbei war, fürchtete ich mich vor seiner Rache und vor der Rache der Toten. Aber als ein Jahr vergangen war und das zweite und das dritte, fühlte ich mich immer sicherer.

Nun herrscht seit vier Jahren Frieden.

Eine Frage ohne Antwort

Kurz vor dem Ende des Zweiten Weltkrieges, im Februar 1945, sorgte eine 43-jährige Frau nach 16-jähriger Ehe mit großem Nachdruck dafür, dass ihr Ehemann zum Tode verurteilt wurde.

Die Zeugen beim Gerichtsverfahren gegen die Frau nach dem Krieg bekundeten, dass die Ehe der beiden bis zum Kriegsbeginn harmonisch gewesen war, jedenfalls ohne ernstere Zwistigkeiten. Die wären in der kleinen Ortschaft aufgefallen.

1929 hatte Hilde, damals 27 Jahre alt, Michael geheiratet. Er war Schreiner und ein paar Jahre jünger als sie. Wie viele Jahre, steht nicht in dem Urteil des Schwurgerichts beim Landgericht Würzburg von 1953.

Hilde hatte nach der Volksschule bis zu ihrer Eheschließung als Hausgehilfin und Waschfrau gearbeitet oder in der Landwirtschaft geholfen. Weil die Ehe mit Michael kinderlos blieb, arbeitete Hilde weiter außer Haus.

Vier Jahre nach der Eheschließung, zu Beginn der Hitlerzeit, kauften sich die beiden in der Nähe des Dorfes, in dem Hilde geboren war, von ihren gemeinsamen Ersparnissen ein Haus und nahmen Hildes Eltern zu sich.

Als Hilde 38 Jahre alt war, musste Michael als Soldat in den Zweiten Weltkrieg. Er kam bis 1945 zweimal jährlich auf Urlaub nach Hause.

Zuerst war er deutscher Besatzungssoldat in Polen. Von dort

bat er einmal seine Schwester in einem Brief, eine Polin, die er kennengelernt habe, bei sich in Deutschland als Arbeiterin unterzubringen. Wollte er der Polin helfen? Wollte er sie vor einer Deportation schützen? Liebte er sie, und wollte er sie bei seiner Schwester in Sicherheit bringen?

Seiner Frau schrieb er davon nichts. Sie erfuhr es aber von seiner Schwester, wie sie nach dem Krieg vor Gericht zu ihrer Entschuldigung anführte.

Seine Frau bat er während eines Urlaubs um Kleider, und er nahm auch wirklich einen Mantel von ihr nach Polen mit. Ihren Mantel für eine andere Frau. Vielleicht für die gleiche Polin, derentwegen er seiner Schwester geschrieben hatte? Was sollte Hilde davon denken?

In einem Brief fragte sie ihn, ob er ein Verhältnis mit der Polin habe. Aber er antwortete nicht auf ihre Frage. Und sie hat diese Frage nie wiederholt.

Hilde schlief weiter mit ihrem Mann bei jedem Urlaub, den er bekam. Bis zuletzt.

Aber in ihrem Leben gab es einen Bruch. Sie ging plötzlich zusammen mit einer jungen Witwe öfter zum Bahnhof und lud durchreisende Soldaten zu sich nach Hause ein. Sie bewirtete sie, und sie schlief mit ihnen, wenn sie Lust dazu hatte. Auch in der Nähe stationierte Soldaten waren bei ihr zu Gast und übernachteten bei ihr. Einen von ihnen mochte sie besonders. Sie hätte ihn gern geheiratet.

Zu ihrer Schwägerin sagte sie, es wäre besser gewesen, wenn nicht deren Mann, sondern Michael in Stalingrad geblieben wäre.

Da die Stadt klein war, wussten bald alle außer ihrem Mann

Bescheid. Der Ortsgruppenleiter bat die Frauenschaftsleiterin, etwas gegen den »liederlichen Lebenswandel« der Hilde zu unternehmen. Die NSV, die Nationalsozialistische Volksfürsorge, drohte der jungen Witwe, mit der Hilde immer auf den Bahnhof ging, man werde ihr die Kinder wegnehmen, wenn sie ihren Umgang mit Hilde nicht einstellte. Daraufhin zog sich die junge Witwe zurück. Das sagte sie dem Gericht zehn Jahre später als Zeugin.

Im Oktober 1944, der Krieg dauerte schon fünf Jahre, und das Attentat auf Hitler war drei Monate zuvor fehlgeschlagen, konnte Michael wieder einmal zu seiner Frau nach Hause kommen. Er hatte vom Krieg genug.

Im Bett sagte er ihr: »Wenn der 20. Juli geglückt wäre, wäre der Krieg aus.« »Wenn die Russen kommen, kriegen die Saukerle die Hälse runtergeschnitten.« »Goebbels ist ein Lump.« Ähnlich hatte er sich schon in seinen Briefen über den Krieg und die Führung des Landes geäußert. Einmal schrieb er: »Wenn Hitler am 20. Juli krepiert wäre, wäre der Saustall zu Ende.«

Diese mündlichen und schriftlichen Äußerungen ihres Mannes zeigte Hilde beim zuständigen Sturmführer der SA an. Sie wollte ihm auch die Briefe zum Lesen geben, aber er wies sie ungelesen zurück und sagte ihr, dass diese Äußerungen ihren Mann den Kopf kosten könnten.

Hilde sagte dem Sturmführer, dass ein Mensch, der so etwas über Hitler verbreite, nicht mehr wert sei, unter den Menschen herumzulaufen. Der Sturmführer solle doch ihre Anzeige weiterleiten. Er tat es aber nicht, weil er spürte, dass sie aus persönlichen und nicht aus politischen Gründen handelte. Er schickte Hilde nach Hause.

Sie kam wieder und wollte ihn erneut zur Weiterleitung der Anzeige bewegen. Er ließ sich verleugnen. Sie beschwerte sich darüber bei seinen Angehörigen.

Als sie den Sturmführer beim nächsten Mal antraf, warnte er sie wieder. Allerdings erzählte er dem Ortsgruppenleiter davon. Dieser wollte wegen des schlechten Leumunds der Frau auch nichts damit zu tun haben.

Nach einiger Zeit erkundigte sich der Kreisleiter der NSDAP, der von unbekannter Seite informiert worden war, beim Ortsgruppenleiter, warum über den Vorfall noch keine schriftliche Meldung vorliege. Weil aber der Ortsgruppenleiter und der Sturmführer überzeugt waren, dass Hilde ihren Mann nur loswerden wolle, erstatteten sie diese schriftliche Meldung nicht, wie sie beide nach dem Krieg als Zeugen vor dem Gericht aussagten.

Es geschah also nichts gegen Michael. Deshalb konnte er Anfang Februar 1945 wieder auf Urlaub zu seiner Frau fahren. Er kam überraschend, und obwohl sie da war, musste er längere Zeit vor dem verschlossenen Haus warten.

Sie hatte einen Soldaten zu Besuch, den sie erst bei ihrer Mutter, einen Stock höher im Haus, verstecken wollte. Michael erfuhr so zum ersten Mal von der Untreue seiner Frau.

Es war Winter. Frierend stand er vor dem Haus. Wie viele Stunden mag er vorher im ungeheizten Zug gesessen haben?

Am nächsten Tag ging Hilde in die Wohnung einer Nachbarin, bei der ihr Geliebter war, und blieb dort längere Zeit. Als sie schließlich zurückkam, machte Michael ihr heftige Vorwürfe, schlug sie mit seinem Koppel und drohte, erst die Wohnung auszuräumen und dann sie und ihre Mutter zu erschießen, bevor er gehen werde – so sagte sie aus. Aber dafür gibt es keine Zeugen. Und das Gericht nach dem Krieg glaubte ihr nicht.

Hilde blieb die folgende Nacht bei ihrer Nachbarin, kam am nächsten Morgen nur nach Haus, um ihrem Mann das Frühstück zu bereiten, und ging dann zum Sturmführer, um ihm von den Drohungen ihres Mannes zu berichten. Er verwies sie an die Ortsgruppe oder an die Gendarmerie, wenn sie persönlichen Schutz brauche.

Sie ging daraufhin zum Ortsgruppenleiter, der sie an die Polizei oder an die Kreisleitung verwies. Ob Hilde selbst oder eine Mittelsperson den Kreisleiter, der ja schon seit vier Monaten auf eine schriftliche Anzeige wartete, unterrichtet hat, konnte das Gericht nach dem Krieg nicht klären. Jedenfalls nahm am Mittag des 10. Februar 1945 der zuständige Polizeibeamte auf telefonische Anweisung des Kreisleiters den Schreiner fest.

Der Polizeibeamte verständigte Hilde und bat sie, ihrem Mann etwas zum Essen zu bringen. Sie antwortete, sie habe nichts. So ließ der Polizeibeamte etwas aus einer Gastwirtschaft holen.

Am nächsten Tag wurde Michael dem zuständigen Feldgericht vorgeführt und in Haft genommen.

Kurze Zeit danach vernahm der Kriegsrichter an diesem Feldgericht Hilde, warnte sie wegen der Todesgefahr, in die sie ihren Mann durch ihre Anzeige bringe, und belehrte sie über ihr Zeugnisverweigerungsrecht als Ehefrau. Er versuchte ernsthaft, Hilde von ihrer Aussage bei der bevorstehenden Kriegsgerichtsverhandlung abzubringen. Aber es gelang ihm nicht.

Er bezeichnete Hilde deswegen seiner Protokollführerin gegenüber, die das acht Jahre später vor Gericht bezeugte, als »Schwein«.

Am 17. Februar 1945 fand die Verhandlung vor dem Kriegsgericht statt, geleitet von demselben Kriegsrichter, der Hilde ermahnt hatte, nicht gegen ihren Mann auszusagen. Hilde war die einzige Tat- und Belastungszeugin. Das Gericht zog sich zur Beratung zurück und verkündete dann, dass es mangels Beweises den Angeklagten nicht verurteilen, sondern zurück zur Front schicken werde. Hilde war darüber so empört, dass sie aufsprang und die Aussagen gegen ihren Mann beschwor. Nun musste ihn das Kriegsgericht zum Tode verurteilen. Als Hilde das Todesurteil hörte, ging sie, wie Michaels Angehörige später bezeugten, »höhnisch lachend« an ihnen vorbei. Zu Hause ließ sie das Radio so laut spielen, dass sich die Nachbarschaft beklagte.

Sie besuchte ihn nicht und schrieb ihm nicht – das lastete ihr das Gericht nach dem Krieg an –, und sie lehnte auch die Bitte seiner Angehörigen ab, für ihn ein Gnadengesuch einzureichen. Seine Angehörigen baten daraufhin, unterstützt von Funktionären der Partei und der Polizei, selbst um Gnade für ihn.

Der zuständige Postenführer der Gendarmerie beklagte sich über das Urteil beim Feldgericht, bezeichnete es als Fehlurteil und fügte Berichte über den sehr schlechten Leumund der Zeugin und den sehr guten des Verurteilten bei: Dieser sei »ruhig, fleißig, ehrlich, wahrheitsliebend und charaktervoll«. – Hilde aber erkundigte sich beim Ortsgruppenleiter, ob sie ihre Unterstützung auch nach der Hinrichtung ihres Mannes weiter erhalten werde.

Das Todesurteil wurde nicht vollstreckt. Das Gericht konnte acht Jahre später nicht klären, ob Michael begnadigt worden war oder ob das Urteil so kurz vor Kriegsende nicht mehr bestätigt wurde.

Michael blieb bis zum April 1945 in Haft, kam für die letzten Tage des Zweiten Weltkriegs zurück zu seiner Truppe und geriet in Kriegsgefangenschaft, aus der er zwei Jahre später zurückkehrte.

Drei Jahre nach Kriegsende, im Juni 1948, stand Hilde, sechsundvierzigjährig, wegen der Denunziation zum ersten Mal als Angeklagte vor Gericht. Sie erhielt als Strafe zwei Jahre Haft in einem Arbeitslager. Sie verbüßte davon vierzehn Monate und kam dann für ein Jahr und drei Monate erneut in Untersuchungshaft.

1949 wurde Hilde nach zwanzigjähriger Ehe wegen »ehewidriger Beziehungen mit fremden Männern« und wegen der Denunziation ihres Ehemannes schuldig geschieden.

Im Februar 1950 wurde sie wegen versuchten Mordes in Tateinheit mit einem Verbrechen der Freiheitsberaubung zu vierzehn Jahren Zuchthaus verurteilt. Gegen dieses Urteil ging Hilde in Revision. Neun Monate später wurde sie freigesprochen.

Dagegen ging wiederum die Staatsanwaltschaft in Revision. Das Gericht verurteilte Hilde schließlich zu sechs Jahren Zuchthaus. Da war sie einundfünfzig Jahre alt.

Ihr Mann, der vom Gericht nach dem Krieg geladen war – diesmal war sie Angeklagte und er Zeuge –, trug zur Wahrheitsfindung nicht bei. Er verweigerte das Zeugnis.

So, wie er auf die Frage seiner Frau nach der anderen Frau nicht geantwortet hatte.

Das Ende der Geborgenheit

Der Pianist Karlrobert Kreiten wurde am 7. September 1943 in der Hinrichtungsstätte Berlin-Plötzensee im Alter von 27 Jahren erhängt.

In dieser Nacht vom 7. auf den 8. September 1943 töteten die schließlich völlig erschöpften Henker einhundertsechsundachtzig zum Tode Verurteilte in Gruppen zu acht so schnell, dass keine Zeit für einen Abschiedsbrief blieb und dem Gefängnisgeistlichen kaum Zeit für ein tröstliches Wort.

Aber weil Karlrobert Kreiten den Geistlichen von sich aus ansprach, nahm sich dieser des jungen Mannes besonders an. Er notierte die »letzten Grüße an die Seinigen, Eltern, Grand'maman und Schwester, und erweckte mit ihm Reue und Leid«, wie er später in einem Brief an die Angehörigen schrieb.

Karlrobert Kreiten war erst vier Tage davor, am 3. September 1943, wegen Feindbegünstigung und Wehrkraftzersetzung vom Volksgerichtshof in Berlin zum Tode verurteilt worden. Weder die Angehörigen noch die Rechtsanwälte wussten von dem Gerichtstermin. Nur durch einen anonymen Anruf in der gemeinsamen Berliner Wohnung hatte seine Schwester Rosemarie vom Todesurteil erfahren und die Eltern in Düsseldorf alarmieren können, die sofort ein Gnadengesuch an Hitler richteten, denn sie wussten, solange ein Gnadengesuch angenommen und noch nicht abgelehnt war, musste die Hinrichtung aufgeschoben werden.

Wie in einem Kafka-Roman irrten vom 3. bis zum 8. September, also noch am Tag nach der Hinrichtung, die Freunde, die Eltern und die Schwester mit einem Gnadengesuch in Düsseldorf und in Berlin von Behörde zu Behörde; in Düsseldorf vom Gaukulturreferenten zum Gaupropagandaleiter und schließlich zum Gauleiter. Dort verzögerte man die Annahme, war vielseitig beansprucht, hatte eine Sitzung, ließ den Tatbestand im Vorzimmer in die Maschine diktieren, verzögerte die Weitergabe, indem man das Gnadengesuch nach Berlin 24 Stunden im Fernschreibzimmer des Reichspropagandaamtes Düsseldorf unerledigt liegen ließ.

Am 8. September waren Mutter und Schwester zur Berliner Reichskanzlei vorgedrungen, wo man ihr Gnadengesuch entgegennahm und versprach, das Justizministerium über die vorgeschriebene vorläufige Aussetzung der Urteilsvollstreckung zu informieren.

Um sicherzugehen, dass nicht kostbare Zeit verstrich, liefen die beiden, Mutter und Schwester, selbst zum Justizministerium, alles lag nah beieinander. Doch die Beamten, an die sie sich wenden wollten, ließen sich bis auf einen verleugnen. Nur dieser zuletzt Angesprochene, ein Staatsanwalt im Justizministerium, verriet, was er eigentlich nicht mitteilen durfte: Karlrobert Kreiten war bereits seit dem Vortag tot.

Ein Exempel unter den jungen Künstlern sollte statuiert werden.

Eine Woche später konnten es alle in der Zeitung und an der Litfaßsäule lesen:

»Am 7. September 1943 ist der 27 Jahre alte Pianist Karlrobert Kreiten aus Düsseldorf hingerichtet worden, den der Volksgerichtshof wegen Feindbegünstigung und Wehrkraftzersetzung zum Tode verurteilt hat. Kreiten hat durch übelste Hetzereien, Verleumdungen und Übertreibungen eine Volksgenossin in ihrer treuen und zuversichtlichen Haltung zu beeinflussen gesucht und dabei eine Gesinnung an den Tag gelegt, die ihn aus der deutschen Volksgemeinschaft ausschließt.«

Wer war die Volksgenossin mit der treuen und zuversichtlichen Haltung?

Eine Schulfreundin seiner Mutter.

Sie hieß Ellen X., war zusammen mit seiner Mutter Gesangsschülerin am Saarbrücker Konservatorium gewesen und lebte nun in Berlin. Den Musik- und Übungsraum in ihrer Wohnung hatte sie Karlrobert Kreiten für ein paar Tage angeboten, da sie wusste, vielleicht sogar durch seine Mutter, dass er sich auf sein nächstes Konzert, am 23. März 1943 im Berliner Beethovensaal, vorbereitete, gleichzeitig aber mit Schwester und Großmutter innerhalb Berlins umziehen musste und deshalb keinen Raum zum Üben hatte.

Er wiederum wusste, dass das Publikum sehr viel von ihm erwartete, denn er galt als der begabteste Pianist seiner Generation in Deutschland.

An Wohlwollen und Unterstützung war der 26-Jährige gewöhnt. 1916 in Bonn als Sohn eines später in Düsseldorf tätigen Konzertpianisten, Dozenten und Komponisten und einer Konzertsängerin geboren, war er in einem sehr liebevollen und musischen Klima aufgewachsen. Seine Großmutter, von französischen Eltern stammend, in Spanien geboren, vielseitig gebildet und interessiert, früh verwitwet, liebte den Enkel über alles, überwachte den Klavier- und Geigenunterricht des Vorschulkindes, lehrte ihn die französische Sprache, das Einmaleins und das deutsche ABC. Später, als er schon als berühmter Pianist in Berlin lebte, führte sie ihm und seiner Schwester, einer Schauspielschülerin, die Wirtschaft und erledigte seine berufliche Korrespondenz.

Karlrobert Kreiten hatte schon mit elf Jahren Aufsehen erregt, als er im Kaisersaal der Düsseldorfer Tonhalle Mozarts A-Dur-Klavierkonzert in einer Rundfunkübertragung spielte. Mit 13 Jahren studierte er an der Musikhochschule Köln, gewann mit 16 Jahren in Wien einen Wettbewerb, an dem 1000 Pianisten teilnahmen, errang im selben Lebensjahr in Berlin den »Großen Mendelssohnpreis« und spielte unter Hermann Abendroth.

Nach zwei Jahren Studium in Wien schloss er seine Ausbildung bei Claudio Arrau ab.

Seine Wiener Lehrerin, Hedwig Rosenthal-Kanner, folgte Ende der dreißiger Jahre einem Ruf in die USA und riet auch ihm, dorthin zu kommen. Doch er hörte nicht auf seine wohlmeinende Lehrerin; er wollte erst in Europa noch besser, noch berühmter werden, bevor er den Sprung auf den andern Kontinent wagte.

Zunächst zog er auf Furtwänglers Rat nach Berlin, zusammen mit seiner Schwester. Die Großmutter folgte und war Kreitens »Finanzminister«, wie der Vater später in seinem Buch ›Wen die Götter lieben …‹ über den toten Sohn berichtete. Nun, im März 1943, sollte der gemeinsame Umzug in eine größere Wohnung erfolgen.

Das ruhige Musikzimmer bei der Freundin seiner Mutter war sicher eine Oase im Chaos von Einwickeln und Einpacken.

(Und wieder war es eine mütterliche, kunstinteressierte Frau, die sich um Karlrobert Kreiten bemühte.)

Für sein Konzert übte er bei Ellen X. Sonaten von Scarlatti und Mozart, sechs Etüden von Chopin (aus op. 10 Nr. 12, 8 und 2; aus op. 25 Nr. 7, 6 und 10), Liszts Spanische Rhapsodie und Beethovens f-Moll-Sonate op. 57, die Appassionata. In den Übungspausen unterhielt er sich mit Ellen X. (Ob sie ihm einen Tee bereitete?)

Er hatte nicht gewusst, dass sie eine überzeugte Nationalsozialistin war, und gab der Versuchung nach, mit ihr über das Wesen des Nationalsozialismus, so wie er es sah, über Hitler und die Kriegslage zu reden.

Er sagte unter anderem: Hitler sei krank, und einem solchen Wahnsinnigen sei nun das deutsche Volk ausgeliefert! … In zwei bis drei Monaten werde Revolution sein, und dann würden Hitler, Göring, Goebbels und Frick einen Kopf kürzer gemacht. Der Krieg sei praktisch verloren, was zum Untergang Deutschlands und seiner Kultur führen werde.

Spürte er überhaupt eine Gefahr, oder war es ihm selbstverständlich, im Bekanntenkreis offen zu reden?

Ellen X. war entsetzt und erzählte einer Hausnachbarin von diesen merkwürdigen Äußerungen. Diese Dame, eine Frau Ministerialrat Y. mit dem Vornamen Annemarie, ebenfalls eine überzeugte Nationalsozialistin, war Schulungsleiterin und ließ in ihrem Parteifanatismus sogar die eigene Schwester beobachten.

Annemarie Y. war über das Gehörte sehr aufgebracht und besprach den Fall mit einer dritten Frau, Tiny Z., die mit ihr in der Frauenschaft arbeitete und der die Familie Kreiten bekannt war, weil sie selbst aus Düsseldorf stammte.

Diese beiden Frauen setzten ihr, wie Ellen X. später aussagte, die Pistole auf die Brust: Die Anzeige wurde von allen dreien Mitte März 1943, also eine Woche vor dem geplanten Konzert, bei der Reichsmusikkammer eingereicht.

Aber nichts passierte. Die Reichsmusikkammer hatte die Denunziation nicht weitergeleitet.

Karlrobert Kreiten übte ahnungslos Tag für Tag.

Das Konzert fand am 23. März 1943 statt. Der Pianist wurde vom Publikum begeistert gefeiert. Merkwürdigerweise berichtete aber am nächsten Tag nur eine Zeitung darüber. Es war, bis auf ein privates Konzert bei einem Berliner Kunstmaler ein paar Tage später, Kreitens letzter öffentlicher Auftritt.

Die Frauen warteten vergeblich auf seine Verhaftung.

Als sie sechs Wochen nach ihrer Anzeige, Ende April 1943, in der Zeitung lasen, dass Karlrobert Kreiten am 2. Mai 1943 zu einem Konzert nach Florenz verpflichtet sei, verloren sie die Geduld. Ihnen wurde klar, dass die Reichsmusikkammer ihre Anzeige hatte unter den Tisch fallen lassen. Sie erstatteten eine zweite Anzeige. Diese von Ellen X. ausgehende und von Annemarie Y. geschriebene Anzeige wurde von Tiny Z. an ihre frühere Dienststelle, das Propagandaministerium, geleitet und kam von dort zur Gestapo.

Karlrobert Kreiten besuchte zu dieser Zeit seine Eltern in Düsseldorf, machte mit einem befreundeten Mädchen einen Ausflug ins Siebengebirge und wartete auf das Visum für Italien.

Es wurde ihm nicht mehr erteilt.

Er schöpfte keinen Verdacht, denn die anderen Deutschen durften das Land auch nur in Ausnahmefällen verlassen. Und seine Altersgenossen waren alle im Krieg.

Schon vor der Einladung nach Florenz hatte er für den Mai 1943 eine Konzertreise im Inland geplant, die in Heidelberg beginnen sollte. Er fuhr also statt nach Florenz nach Heidelberg. Aber als das Publikum am 3. Mai in das seit Langem ausverkaufte Konzert im Großen Universitätssaal kam, hing an der Eingangstür ein kleiner Zettel: »Kreiten-Konzert fällt aus.«

Die Gestapo hatte ihn morgens um 8 Uhr in seinem Heidelberger Hotel verhaftet.

Nach zwei Wochen wurde er ins Gestapo-Gefängnis nach Berlin gebracht und dort seiner Verräterin gegenübergestellt. Was mochte die Frau empfunden haben, als sie in das hungrige und zerschlagene Gesicht des Sohnes ihrer Freundin blickte?

Er glaubte an einen guten Ausgang, übte jeden Tag auf dem Tisch seine Sonaten, kam ins Untersuchungsgefängnis des Gerichts, schöpfte neuen Mut, übte, hungerte, schrieb Briefe, freute sich auf den Urlaub mit seiner Freundin, durfte Besuch von seinen Angehörigen empfangen, gab der Großmutter Ratschläge fürs Frühstück: Sie solle zur Stärkung Haferflocken essen.

Am 3. September 1943 wurde er zum Tode verurteilt.

Die »Vertrauensperson«

Vorbemerkung

Vor dem Schwurgericht des Landgerichts Kassel fand vom 19. Oktober bis zum 16. November 1954 ein Prozess statt, in dem die damals 58-jährige Dagmar I., gebürtige Schwedin, Hausfrau und Witwe, wegen Beihilfe zum Mord vor Gericht stand.

Diesem Prozess waren vorangegangen: ein polizeiliches Verhör in Schweden gleich nach Beendigung des Krieges, bei dem Dagmar I. Spionage und Denunziation vorgeworfen wurden; sie hatte geleugnet, einen Nervenzusammenbruch erlitten und war von ihrer Mutter in die psychiatrische Klinik in Stockholm eingeliefert worden; 1946 Ausweisung aus Schweden mit Einreisesperre; Dagmar I. wurde direkt aus dem Stockholmer Krankenhaus an die Militärregierung der britischen Besatzungszone Deutschlands übergeben, die sie wieder in ein psychiatrisches Krankenhaus einwies; anschließend Polizeihaft, im selben Jahr, 1946, Einstufung als Hauptschuldige und Verurteilung zu zehn Jahren Arbeitslager; Entlassung aus der Arbeitslagerhaft nach drei Jahren aufgrund einer allgemeinen Amnestie; Einspruch der Staatsanwaltschaft gegen die Entlassung, gerichtliche Untersuchungshaft, mehrmonatige stationäre Beobachtungen in der Psychiatrie von Universitätskliniken; ein Freispruch vor Gericht und Einspruch der Staatsanwaltschaft gegen den Freispruch, das Urteil des Bundesgerichtshofs, das Verfahren noch einmal durchzuführen. Die Anklage warf Dagmar I. 1954 vor, in der Zeit von *1941* bis *1945*, also von ihrem *45.* bis zu ihrem *49.* Lebensjahr, als Lockspitzel der Geheimen Staatspolizei gedient und dadurch die Verhaftung von sechzehn Menschen, fünf Männern und elf Frauen aus ihrer nächsten Umgebung, verschuldet zu haben. Drei Männer waren zum Tode verurteilt worden: der 74-jährige pensionierte evangelische Pfarrer Dr. Alfred K. und sein Freund, der Kunstmaler Heinrich W., wegen Abhörens und Diskutierens sogenannter »feindlicher« Sender, und der 56-jährige katholische Pater Dr. Max Josef Metzger, der Begründer der Una-Sancta-Bewegung, weil er Anfang *1943* ein Manifest für ein neues Deutschland verfasst hatte, das er hohen englischen Geistlichen und der britischen Regierung zugedacht hatte. Der Pater wurde am 17. April *1944* hingerichtet.

Das Gericht *1954* beschuldigte die Angeklagte Dagmar I., sie habe den Pater in eine Falle gelockt, indem sie sich als seine engste Vertraute erbot, das Manifest heimlich nach Schweden mitzunehmen und dem schwedischen Erzbischof zu geben. Sie habe ihm dazu eine von der Geheimen Staatspolizei präparierte Schreibmaschine zur Verfügung gestellt.

Während Dr. K., der führende Kopf und Initiator einer Gesprächsgruppe, gleichzeitig ehemaliger Lehrer von Rudolf Heß, am 13. Februar *1943* zu einer Zuchthausstrafe von acht Jahren begnadigt wurde, wurde sein Freund, der Kunstmaler Heinrich W., am 20. Februar *1943* hingerichtet.

Das Gericht *1954* warf der Angeklagten in diesem Zusammenhang vor, sich auf Anweisung der Geheimen Staatspolizei Zugang zu der getarnten Diskussionsgruppe des Dr. K. verschafft, von Silvester *1941* bis zum 6. Februar *1942* insgesamt fünfmal teilgenommen und durch ihre Berichte die Verhaftung der Gruppe am 6. Februar *1942* veranlasst zu haben.

Das Gericht verhandelte 1954 einen Monat lang mit nur kurzen Unterbrechungen, ließ die Angeklagte psychiatrisch untersuchen, studierte 20 Beiakten, hörte die fünf überlebenden Opfer, die Angehörigen der Toten, die 70 Zeugen der Anklage und der Verteidigung, die Gutachter und die Angeklagte, die sich widersprach und widersprach und leugnete und leugnete bis zum Schluss, auch als der Kronzeuge der Anklage auftrat, der Beamte der Geheimen Staatspolizei, der sie angeleitet und ihr die Befehle übermittelt, ihre Berichte entgegengenommen und die Verhaftungen und Hausdurchsuchungen bei den Denunzierten vorgenommen hatte, ihren Decknamen kannte und alle Widersprüche erklären konnte.

Sie leugnete und legte nie ein Geständnis ab.

Dagmar I. wurde wegen Beihilfe zur schweren Freiheitsberaubung im Falle des Dr. Metzger zu einer Zuchthausstrafe von einem Jahr und drei Monaten verurteilt. Acht Monate Zuchthaus galten durch die Untersuchungshaft als verbüßt. Fünf Monate ihres Lebens war sie eine Zuchthäuslerin.

Sie hatte leugnen dürfen und wurde nicht, wie ihre Opfer, gefoltert, bis sie gestand.

Während ich dies schreibe, sitzt sie, 93-jährig, vielleicht auf einer Bank im Park. Sie ist seit 34 Jahren wieder frei.

Du, mein Richter, bist schön, braunäugig, kindlich. Du willst vermutlich gerecht sein. Höflich bist du, fast zart, mein lieber Richter. Du ähnelst einem der elf, die als meine Opfer gelten, du ähnelst Bruder Paulus, dem Geköpften. Er vertraute mir so. Ich war seine einzige Vertraute. Vielleicht hast du Mitleid mit mir? Ich könnte doch deine Mutter sein. Ja, diesen Satz werde ich einmal sagen, wenn du mich aufstehen lässt und befragst nach irgendeiner dieser Zeugenaussagen, mit denen du mich überführen willst. Ich werde aufstehen, dich ansehen und leise sagen, so leise, dass du mich auffordern musst, etwas lauter zu sprechen, damit ich im Saal auch zu hören bin, ich werde es also zweimal sagen können: *Ich könnte Ihre Mutter sein!*

(Das hast du eben zu deiner Mutter gesagt, so sprichst du zu deiner Mutter, du solltest dich schämen, so zu deiner Mutter zu sprechen, nach allem, was ich für dich getan habe, für dich entbehrt, gelitten, du kamst unerwünscht, die berufliche Karriere hast du mir unterbrochen, ja abgebrochen, die beschwerliche Schwangerschaft, die schwere Geburt, ohne dich wäre ich nicht bei deinem Vater geblieben, ohne dich hätte ich wieder heiraten können, aber eine Witwe mit Kind bei der Konkurrenz nach dem Krieg? Deinetwegen habe ich auf alles verzichten müssen, auf eine neue Familie, Reisen, unbeschwerten Reichtum, meine Begabungen konnte ich nicht entdecken, meine Interessen nicht befriedigen, viel Geld musste ich für dich ausgeben, weißt du überhaupt, wie viel materielle Opfer ein Kind fordert? Undankbar bist du, so sprichst du mit deiner Mutter, es wird dir noch einmal leid tun.)

Ich könnte Ihre Mutter sein, Herr Richter.

Meine Tochter ist von mir weggegangen, so weit weg, wie man nur gehen kann. Sie hat nach Amerika geheiratet.

Ich habe meine Mutter zu Hause in Schweden zweimal im Jahr besucht, aber meine Tochter kommt nicht einmal zu meinem Prozess. Sie verabscheut mich nur noch, hat sie mir in dem einzigen Brief nach dem Krieg geschrieben. Dann schrieb sie niemals mehr. Seitdem bin ich für sie tot.

Meine Mutter ist auch tot, meine schöne Mutter in Schweden. Sie hat mich enterbt zugunsten meiner Tochter, angeblich, damit das Vermögen nicht nach Deutschland kommt. Nicht gegönnt hat sie es mir.

Zu den Verrückten hat sie mich gebracht, nach dem Krieg in Stockholm, zu den Verrückten. Angeblich, um mich vor dem Gericht zu schützen. Aber ich war nicht verrückt, ich habe mich nur verfolgt gefühlt, weil alle so viel über mich zu wissen vorgaben. Ein Netz von Vermutungen und Vorwürfen hatten sie über mich geworfen.

Auch meinen Vater hat sie zu den Verrückten gebracht. Auch ihn haben sie nicht lange dort behalten. Er durfte wieder zu ihr nach Hause, während mich Schweden, mein eigenes Heimatland, nach Deutschland auslieferte. Nie mehr durfte ich zu ihr. Nie mehr durfte ich sie sehen.

Nun sind sie beide schon lange tot.

Mein Mann ist tot, das weiß ich genau. Er starb auf der Flucht von Bergen-Belsen nach Hamburg, zwei Wochen vor dem Ende des Krieges. Fast den gesamten langen Krieg über war er bei mir, kurz vor Kriegsende haben sie ihn, den Frühpensionär, noch eingezogen, mit dem letzten Aufgebot, den Alten, den Rentnern, den Krüppeln und den Kindern. Als richtiger Soldat war er nicht mehr zu gebrauchen mit seinem Halsschuss aus dem Ersten Weltkrieg. Sie ließen ihn im Konzentrationslager arbeiten, in der Postzensur, wenn man das Arbeit nennen kann. Er hatte allerdings Übung mit der Durchsicht von Geschriebenem: bis zur Pensionierung waren es die Aufsätze seiner Schüler und danach, im Krieg, meine Aufzeichnungen. Immerhin hat er sie mir drei Jahre lang in gutes Deutsch gebracht.

Ihm ist im Leben nichts gelungen. Ein Verlierer war er, bis

zuletzt: Er starb auf der Flucht an Fleckfieber. Nicht an einer Verwundung wie die anderen, richtigen Soldaten. Trotzdem bekam ich für ihn Kriegerwitwenrente. Ein schöner Krieger.

Auch Sie, Herr Richter, fragen mich nach meiner Ehe.

Wie oft schon musste ich die Fragen nach meinem Mann beantworten. Als ob er Schuld hätte. Niemand zwang mich, bei ihm zu bleiben, auch er nicht. Er wollte gern mit mir leben und ich mit ihm, wir beide aus unterschiedlichen Gründen.

Als ich diesen Mann während meiner ersten Deutschlandreise kennenlernte, kam er mir vor wie eine gepanzerte Schnecke, ganz allein, ohne Fühler nach außen. Er hat sich sozusagen meiner Fühler bedient, die reichten aus für zwei. Und ich, ich gebrauchte seinen Panzer. Der wurde nur später zu eng für mich.

Mit 26 Jahren war es höchste Zeit zu heiraten. Wer sollte mich ernähren, wenn nicht ein Mann? Meine Eltern?

Ich hätte selbst arbeiten müssen, aber was? Mein Vater hat mir ja nicht erlaubt, den Beruf zu erlernen, den ich gern ausgeübt hätte: Krankenpflegerin. Keine Arbeit außer Haus hat mir mein Vater erlaubt.

Seit meiner Eheschließung lebte ich von dem Lehrergehalt und von der Beamtenpension meines Mannes, und nun von der Rente als seine Kriegswitwe. Ja, er ernährt mich, seitdem ich mich mit ihm verband. Wenn man von den drei Jahren Arbeit im Arbeitslager absieht, habe ich außerhalb des Hauses noch nie gearbeitet, geschweige denn Geld verdient.

Das Gesicht meines Mannes kann ich mir nur noch schwer vorstellen, aber ich bewahre Fotos auf. Auf ihnen sieht mich ein trockener, strenger Mann an.

Ich erinnere mich nicht, ihm seine Einseitigkeit jemals vorgeworfen zu haben; ich war und bin überzeugt, dass ein Mensch seine grundlegende Einstellung zum Leben und zu den Menschen niemals tiefgreifend verändern kann. Er war zuverlässig, und mehr habe ich nicht von ihm verlangt.

Seine Fächer, Religion, Deutsch und Geschichte, gab er ohne Humor und ohne Sympathie zu seinen Schülern. So konnten ihn weder seine Schüler noch seine Kollegen und Vorgesetzten leiden.

In den ersten Jahren unserer Ehe wurde er jedes Jahr versetzt. So mussten wir nach jedem Schuljahr alles einpacken und mit unserem kleinen Kind in eine andere Wohnung in einer anderen Stadt umziehen: von Stettin nach Anklam, von Anklam nach Wittenberg, von Wittenberg nach Halberstadt. Dort durften wir zum ersten Mal länger bleiben, nämlich elf Jahre lang.

Er trat gleich am Anfang des Neuen Reiches in die Sturmabteilung und ich in die Frauenschaft ein. Aber das nützte ihm nichts, schon ein Jahr später musste in seiner Schule eine Stelle eingespart werden, und die Wahl fiel auf seine. Da haben sie ihn schließlich vorzeitig pensioniert: mit vierzig Jahren. Und das, muss ich sagen, ist mir nahegegangen. Es war mir unaussprechlich peinlich. Was sollte man den Leuten antworten, wenn sie fragten, wovon wir leben? Sollte ich etwa in der Provinz an der Seite eines verbitterten, verknöcherten, gescheiterten Mannes enden?

Ich bekam einen Nervenzusammenbruch und ging für ein paar Monate in ein Sanatorium im Harz, eigentlich um in Ruhe überlegen zu können. Dort erkannte ich, dass mein Leben mit neununddreißig Jahren nicht zu Ende war, sondern dass es nun anfangen konnte. Erstens hatten wir durch seine Pension ein regelmäßiges Einkommen, ohne dass er täglich in die gehasste Schule musste, um die Demütigungen der Antipathie auf sich zu nehmen.

Zweitens konnten wir dorthin ziehen, wo wir wirklich wohnen wollten, dorthin, wo uns keiner kannte, dorthin, wo ich vielleicht zum ersten Mal ins Kino, ins Theater gehen konnte. Ich war alt genug, um, ohne ins Gerede zu kommen, allein oder mit Bekannten, die ich vielleicht am neuen Wohnort finden könnte, in ein Café zu gehen, ich war alt genug, vielleicht auch einmal eine Reise außer den regelmäßigen nach Schweden zu machen, zweimal im Jahr.

Freunde mussten wir nicht zurücklassen, wir hatten keine. Vielleicht, dachte ich damals, wird es mir möglich, in dem neuen Leben zum ersten Mal einen Bekanntenkreis aufzubauen, weil ich ja wusste, hier, in dieser Stadt, können wir bleiben, von hier werden wir bestimmt nicht versetzt.

Noch während ich im Sanatorium war, erreichte meinen Mann das Angebot, das Archiv einer christlichen Studentenorganisation auszubauen, deren Mitglied er früher war und für deren Zeitschrift er sein gesamtes bisheriges Berufsleben hindurch Beiträge geschrieben hatte. Dieses Archiv befand sich in einer vornehmen Villa in einer schönen, alten hessischen Stadt. Und das Angebot umfasste außer einer guten Honorierung, zusätzlich zur Pension, auch die Möglichkeit, kostenlos eine Etage dieser Villa als Dienstwohnung zu nutzen. Ich sah darin sofort die ersehnte mögliche Wendung meines Schicksals, überredete ihn anzunehmen, und er fügte sich. Wir zogen wieder um: unser letzter gemeinsamer Umzug.

Ich hatte mich nicht getäuscht. Wir gehörten durch die neue Stellung meines Mannes endlich zu den angesehenen Bürgern einer Stadt. Doch schon bei unseren Antrittsbesuchen spürte ich, dass für meinen Mann das alte Leben weitergehen sollte: Flucht vor allen Menschen, Kontakt nur mit mir und unserer Tochter.

Für mich aber war das alte Leben zu Ende.

Ich bemerkte, dass sich an jedem Mittwoch vier Männer zu einem Dämmerschoppen in unserem Archivhaus trafen; sie waren, wie mein Mann, ehemalige Mitglieder der christlichen Studentenorganisation. Ich erfuhr, dass auch deren Familien einmal im Monat zusammenkamen.

Ich schlug den Herren vor, dass von nun an ich, als Frau des Archivleiters, ihre Treffen und auch die ihrer Familien organisieren könnte, und mein Mann, der mich in der Öffentlichkeit nicht brüskieren wollte, stimmte resigniert zu. So entwickelte ich unser Haus von Anfang an zu einem kleinen gesellschaftlichen Zentrum, allerdings nur für die vier, die noch dazu alle Theologen waren.

Leider hatte ich in den ersten Jahren keinen Zugang zu anderen Familien. Die Offiziers-, Künstler- und Professorenkreise der Stadt blieben mir verschlossen, obwohl ein Professor in der Stadt sogar mit einer Schwedin verheiratet war. Das wusste ich aus der Kartei der Auslandschweden, um deren Führung ich mich sofort nach dem Umzug bemüht hatte und die mir auch gern übertragen worden war.

Wer erledigt schon gern Schreibarbeiten? Trotzdem war es aber kein Vergleich mit dem tristen Leben der ersten vierzehn Ehejahre: unser Einkommen doppelt so hoch wie früher, sodass ich meine Reisen nach Schweden nicht mehr, wie bisher, nur mit der Bahn, sondern oft mit dem Flugzeug machen konnte, und unsere Wohnverhältnisse noch nie so angenehm.

Da wurde ich, genau wie mein Mann, Mitglied der herrschenden Partei. Weil ich Ja zu der Zeit sagen konnte, wollte ich auch richtig dazugehören.

Das kann doch, von heute aus gesehen, nicht verboten sein.

Leider war es mit meinen Reisen nach Schweden vorbei, als vier Jahre später der Zweite Weltkrieg begann. Um Deutschland verlassen zu dürfen, benötigte man seit Kriegsbeginn einen Sichtvermerk der Geheimen Polizei im Reisepass. Warum sollten sie mir eine solche Ausnahmegenehmigung erteilen? Hätte ich nicht einen Deutschen geheiratet, hätte ich nicht in den deutschen Grenzen festgesessen und mich frei in der ganzen Welt bewegen können. Stattdessen musste ich in einem Krieg führenden Land mit allen Einschränkungen der Kriegswirtschaft leben.

Die vier Männer trafen sich weiter bei uns. Drei Pfarrer und ein Gelehrter.

Einer der Pfarrer hat sich später im Keller der Geheimen Polizei aufgehängt, einen Tag bevor an seine Freunde ein Haftbefehl erging. Wer weiß, was er über die verraten hatte? Schlug vielleicht sein Gewissen?

Den zweiten Pfarrer, der geäußert hatte, bei ihm würde man bei einer Haussuchung nichts finden, musste die Geheime Polizei nach einer Haussuchung tatsächlich laufen lassen, nachdem sie nichts gefunden hatte und er nichts gestand. Doch er war hellhörig geworden, weil ihm als Grund für die Haussuchung gerade jene Äußerung vorgehalten wurde. Er wusste, dass er das nur einmal und nur bei uns und nur in Gegenwart der anderen drei Theologen, vor mir und meinem Mann gesagt hatte. Nur einer von uns fünf, fünf seiner nächsten Bekannten, konnte ihn also denunziert haben.

Dem dritten Pfarrer verdankte ich, dass ich sieben Monate nach Kriegsbeginn die Reiseerlaubnis nach Schweden wieder erhielt. Er ist wenig später nach Amerika zurückgegangen, wohin er schon früher einmal ausgewandert gewesen war.

Der Gelehrte unter den vieren hatte selbst jeden Freitag, das munkelte man, einen Zirkel bei sich zu Hause, geladene Gäste, zu denen ich jahrelang nicht gehörte, obwohl er immer bei uns hockte, jeden Mittwoch. Er kam sich wohl zu fein für uns vor mit seinen Damen und dem Kunstmaler. Ihn hat die Geheime Polizei in meiner Gegenwart mitsamt seinem ganzen Freitagskränzchen eines Tages verhaftet. Denn die letzten fünf Male war ich endlich doch dabei. Zum Silvesterabend 1941 hat er mich zum ersten Mal eingeladen, gewartet hatte ich darauf sechs Jahre.

Ihn haben sie sogar zum Tode verurteilt.

Doch er hatte Glück: Nachdem er fünf Monate lang in strenger Einzelhaft auf seine Hinrichtung gewartet hatte, auf einer dünnen Matratze auf dem Fußboden, an Händen und Füßen gefesselt, hungernd, bei einer Größe von 1,75 m auf 58 kg abgemagert, mit Eitergeschwüren bedeckt und frierend, wurde er auf die Fürsprache von fünf Universitäten und mehreren hochgestellten Persönlichkeiten zu einer Zuchthausstrafe von acht Jahren begnadigt, und die brauchte er auch nur drei Jahre lang abzusitzen, dann war der Krieg schon zu Ende, und er wurde von den vorrückenden amerikanischen Truppen befreit.

Er starb aber neun Monate später, mit 78 Jahren, auf einer Reise an einem Herzschlag. Ein Todesurteil war es also doch.

Von den acht Damen aus dem Zirkel des Gelehrten sind zwei tot. Von den übrigen sechs glaubte ich nur einer, dass sie nichts mit ihm hatte. Außer ihr und mir kamen sie alle ins Zuchthaus oder ins Konzentrationslager.

Eine, die Frau des Kunstmalers, eine Jüdin aus Wien, wurde dort vergast; die zweite, Frau eines gelähmten Professors, starb eine Woche nach der vorzeitigen Entlassung aus dem Gefängnis zu Weihnachten an Krebs.

Alle haben sie büßen müssen. Für ihren Hochmut.

Alle haben etwas gestanden, auch wenn es nicht das gemeinsame Abhören und Diskutieren der Nachrichten des Londoner Rundfunks war, dessen sie beschuldigt wurden, auch wenn es sich nur um eine Musiksendung von Radio Beromünster handelte, denn das war auch verboten.

Was haben die denn, Herr Richter, erwartet, wenn sie etwas Verbotenes gestehen? Dass sie belohnt werden? Man sagt doch nicht die Wahrheit, wenn man dafür bestraft wird.

Alle haben irgendetwas gestanden, nur ich nicht. Darum bin ich nie bestraft worden. Das habe ich immer wieder gesagt. Darum bin ich nie bestraft worden, Herr Richter, sage ich auch heute.

Immer wieder haben mich die Gerichte nach dem Krieg zu den Verrückten in die Anstalt gebracht, zur sogenannten Begutachtung. Immer wieder haben mich die Ärzte zurück zum Gericht geschickt. Alle waren sie ratlos. Denn ich sagte ihnen, dass ich unschuldig bin.

Was Ihre Zeugen alles wissen, Herr Richter, was sie erinnern.

Es sind doch schon so viele Jahre vergangen, gnadenvolle, vergessen machende Jahre. Die Asche der Frau hat sich mit Erde vermischt. Und Gras ist über die Gräber der beiden Männer gewachsen. Der Kopf ist ihnen wohl im Sarg wieder aufgesetzt worden?

Wo sollte der Kopf sonst hin als an die richtige Stelle? Geköpft und dann wieder aufgesetzt.

Lagen die Hingerichteten mit offenen Augen im Sarg? Oder haben sie den Geköpften die Augen im abgeschlagenen Kopf vorher geschlossen? Und wer hätte das getan? Ein Arzt? Musste der Tod noch extra festgestellt werden? Wollte es so die Ordnung? War es ein Vorrecht des Scharfrichters? Das Recht der letzten Nacht, das er sich nicht nehmen ließ? Oder durften, oder mussten das die Gehilfen machen?

Es ist alles Vergangenheit.

Wer mordet, hat Macht. Wer die Macht hat, darf richten. Aber ich habe nichts Böses getan. Ich war machtlos.

Der Tod muss sein, der Tod gehört schließlich zum Mord, Herr Richter. Warum macht man sich sonst die Mühe des Mordens? Und es ist eine Mühe.

Ein Mord erfordert einen Vorsatz und eine Vorbereitung, das haben Sie studiert und mussten es für die Prüfung wiederholen. Und ein niedriges Motiv: Gier nach Geld, Macht oder Sex. Das niedrigere Motiv ist das wichtigste von der Dreieinigkeit. Ein kleiner Fanatismus – er muss gar nicht durchdacht sein – in der Weltanschauung, der Politik, der Religion entschuldigt den Mörder. Der Mörder ist kein Mörder mehr: Ein mildernder Umstand ist da.

Aber ich brauche diesen mildernden Umstand nicht, ich bin keine Mörderin.

Ich soll darüber nachdenken, was ich dabei empfand, beim Jemand-anders-weghaben-Wollen, und Sie, Herr Richter, wollen ein Geständnis? Alles steht in den Akten.

In Schweden als Kind schwedischer Eltern geboren und bei diesen Eltern bis zum 26. Lebensjahr in Schweden gelebt, behütet, als Einzelkind, als höhere Tochter, in einer Kleinstadt.

Auch Sie, Herr Richter, können das nicht glauben.

Mein Vater Landwirt, später Direktor einer Aktiengesellschaft, erzog mich gemeinsam mit meiner Mutter christlich-religiös, ließ mich am Wohnort die höhere Schule bis zwei Jahre vor dem Abitur besuchen. Statt eines Berufs ließ er mich lernen, was nach seiner Meinung jede höhere Tochter lernen sollte: wie man den Haushalt führt, Porzellan bemalt und fremde Sprachen spricht.

Ich lebte in dieser Kleinstadt immer bei meinen Eltern. Ich müsste, werden Sie, Herr Richter, gleich sagen, die Meinungs- und Pressefreiheit und die Achtung vor den demokratischen Rechten des Einzelwesens, wie sie in Schweden verteidigt werden, als selbstverständlich kennengelernt haben. Ja, Sie sagen es.

Mit 26 Jahren fuhr ich nach Stettin, das gehörte damals noch zu Deutschland, lernte einen Studienrat kennen, verlobte mich mit ihm und heiratete ihn noch im Oktober des gleichen Jahres. Im nächsten Jahr wurde meine Tochter geboren, auch das einzige Kind, wie ich.

Wissen Sie, Herr Richter, überhaupt, was Ausgeschlossensein bedeutet? Das ist viel schlimmer als Einsamkeit. Ausgeschlossen sein von denen, zu denen man gehören möchte. Man geht auf einer dunklen, kalten Straße an erleuchteten Fenstern vorbei, hinter denen man lebendige, lachende Frauen und Männer sieht. Ich bin sicher, Sie, Herr Richter, gehören zu den Menschen, die in der Wärme sitzen, und nicht zu denen, die in der Kälte draußen stehen.

Schweden will mich nicht mehr. Aus meinem eigenen Heimatland haben sie mich verjagt, weil ich angeblich eine Spionin war. Seit Jahren werde ich verhört, verdächtigt, angeklagt, eingestuft, in Arbeitslager gebracht, begutachtet in geschlossener Psychiatrie. Immer wieder musste man mir die Türen aufschließen, nach außen. Auch Sie werden mich wieder in die Freiheit entlassen müssen, Herr Richter. Als unbescholtene Frau werde ich Sie schon im nächsten Jahr auf der Straße treffen, wenn Sie mit Ihrer Frau spazieren gehen.

Ich werde in dieser Stadt bleiben. Ich kenne alle zu gut. Ich habe mir nichts vorzuwerfen.

Ich werde kein Wort vergessen, das gegen mich gerichtet war. Und meine Rache wird sehr schmerzhaft sein.

Sie sind schön, Herr Richter, aber Sie wissen zu wenig vom Leben. Sie denken in Schablonen.

Sie denken schon in mildernden Umständen: gepflegtes Elternhaus, aber beengt, dann geordnete Ehe, aber langweilig. Dabei habe ich mich in meinem ganzen Leben noch nie gelangweilt. Atemlos, wie eine Spielerin, war ich. Mein Leben hat mir geschmeckt. Meine Ohren brachten mir Lust, wie gerne hörte ich Stimmen, Flüstern. Wie gern höre ich mein gebrochenes Deutsch mit dem schwedischen Akzent. Wie liebe ich es, mein Gesicht im Spiegel zu betrachten: Es ist mir immer wieder unbekannt. Niemals erinnere ich mich an diese Augen. Sie sehen mich an. Wem gehören sie? Wenn ich sie schließe und mit der Zunge über meine warmen Lippen streiche, dann weiß ich: Ich bin in mir. Und wenn ich meine Augen öffne und in die Augen der andern Menschen sehe, auch in Ihre, Herr Richter, dann spüre ich unser Einverständnis:

Ja, du bist schön.

Ja, ich bin schön.

Ich seh etwas, was du nicht siehst, und das ist rot.

Sind Sie, Herr Richter, bei diesem Spiel immer bei Ihrem zuerst gewählten Gegenstand, zum Beispiel dem Buchrücken, geblieben?

Wenn der rote Buchrücken zu schnell erraten wurde, sind Sie dann nicht heimlich, immer aus Angst vorm Ende des Spiels, zur Geranienblüte, zum Lampenschirm, zu den Lippen Ihres Nachbarn, zu den Pumps der Gastgeberin geflohen? Ich habe es schon als Kind genossen, dass mir niemand meine Gedanken nachweisen konnte. Ich habe gespürt: Die Gedanken sind frei, die Vorstellungen sind frei, die Wünsche sind frei.

Ich weiß noch, wie ich im Literaturunterricht lachen musste, als wir Don Carlos durchnahmen: Geben Sie Gedankenfreiheit, Sire. In Diktaturen gibt es nach diesem Satz manchmal Szenenapplaus: Geben Sie Gedankenfreiheit, Sire. Ich könnte mich totlachen über diese Sentimentalität. Ich kann doch nicht etwas fordern, was ich sowieso habe: Geben Sie mir meine Nase, Sire. Szenenapplaus. Jetzt hat es der Dichter den Mächtigen aber wieder einmal gegeben. Er spricht etwas aus, was wir alle denken. Ja, wir wollen Gedankenfreiheit. Wenigstens Gedankenfreiheit. Ihr habt sie doch, jeder hat sie, ihr Schlurfköpfe, ach. Der Beweis?

Wenn ich mir jetzt zum Beispiel vorstelle, Herr Richter, dass sich die Tür des Gerichtssaals öffnet: Herein kommt die Polizei, geht auf Sie zu, führt Sie ab, alle im Saal schweigen verstört oder verängstigt, niemand beschützt Sie, die Polizei schließt Sie in eine Grüne Minna ein, führt Sie in einen Vernehmungsraum und übergibt Sie der Geheimen Polizei. Sie sehen den Vernehmer nicht, denn er richtet den Scheinwerfer auf Sie, nun müssen Sie stehen bleiben die nächsten Stunden, der Vernehmer liest Ihnen vor, was Sie gesagt haben im kleinsten Kreis.

Wie kann der Vernehmer alles das wissen? Wer kann ihm das alles gesagt haben, Wort für Wort? Es ist ja wahr. Wer war noch in diesem Raum? Es ist unmöglich, dass er das alles weiß ohne Verräter. Einer muss Sie verraten haben, einer, dem Sie vertrauten. Oder war es eine?

Der Vernehmer sagt nun, dass er alles weiß, leugnen kostet nur Schlafenszeit. Alle anderen haben schon gestanden, das heißt, sie haben eben nicht gestanden, sagt der Vernehmer, alles haben die anderen auf Sie gewälzt, Sie sind der Anstifter, Sie, Herr Richter, haben die anderen überredet, die Ahnungslosen verführt, aber nun haben Ihre Freunde endlich Schluss machen können mit dem Schmutzkübel-Ausschütten über das herrschende System, dem sie so viel, alles verdanken, wie erleichtert sind Ihre Freunde, sagt der Vernehmer, dass sie sich endlich wieder ehrlich machen können, nichts zu tun haben wollen Ihre Freunde mehr mit Ihnen, Herr Richter, und sie fordern die härteste Strafe für Sie, oh, wenn Sie doch unschädlich gemacht werden könnten, sagen die Freunde, sagt der Vernehmer, Herr Richter. Ein für alle Mal.

Es ist nicht Vorbereitung zum – nein, sagt der Vernehmer, es ist Landesverrat, Hoch- und Landesverrat. Darauf kann es nur die Todesstrafe geben, da ist sich der Vernehmer sicher. Es sei denn, Sie leugnen nicht länger, geben Ihr trotziges, hartnäckiges Leugnen auf. Der Vernehmer möchte Ihnen nicht zu nahe treten, aber das Leugnen ist auch dumm.

Ganz im Vertrauen, der Vernehmer kann sich nicht vorstellen, dass es so ist, wie Ihre Freunde sagen, Herr Richter. Etwas werden die doch auch zum Gespräch beigetragen haben. Obwohl sie das leugnen. Und wenn die Freunde nicht so gelacht hätten, ja, hätten Sie, Herr Richter, denn überhaupt so staatsfeindliche Gedanken geäußert, so ganz und gar destruktive Meinungen? Und wenn Ihnen Ihre Freunde nicht so viel Material aus der Wirklichkeit geliefert hätten. Zum Beispiel Ihr Freund, der Lehrer, über die Witze der Schüler: Gott erhalte den A (das ist ein toter Freund des Mächtigsten), Gott erhalte den B (das ist ein weiterer toter Freund des Mächtigsten), Gott erhalte den C (das ist der Mächtigste selbst). A hat er schon erhalten, B hat er schon erhalten. Er erhalte alle drei.

Natürlich, es sind Kinderwitze, und sie werden über jeden Machthaber erzählt. Sie haben es herausgefordert, dass Ihr Freund, der Lehrer, Ihnen diese Witze seiner Schüler wiedererzählt hat. Er hat aber ausgesagt, dass Sie ihm diese Witze erzählten und ihn anstachelten, weitere zu erzählen, vor den anderen, die zum Teil auch Lehrer waren. Er hat auch gesagt, dass Sie die Regierung dumm finden, einen dümmer als den anderen, eitel, machtgierig, verkalkt: Der eine habe goldene Wasserhähne, der andere eine eigene Insel, der dritte einen rosafarbenen Lederjagdanzug. Sie sollen erzählt haben, dass der mit dem rosa Anzug eine Trophäe über dem Vertiko wollte, einen Elchkopf, und

ihm darum der einzige zahme Elch des ganzen Landes zuge-
führt wurde, vor die Flinte, aber ein anderer hat geschossen,
damit der Kopfschuss an der richtigen Stelle sitzt und beim
Präparieren nicht so stört. Wir glauben nicht, dass Sie das erzählt haben, ich sagte es schon, beruhigt Sie der Vernehmer,
Herr Richter, als er Sie zwingt, sich auszuziehen und hinzu-
hocken, die gefesselten Hände über die Knie zu ziehen, dann
einen Stock zwischen Ellenbogen und Kniekehlen steckt und
Sie umstößt. Ja, da liegen Sie, hilflos wie ein Käfer auf dem
Rücken, und rufen nach der Demokratie und den Menschen-
rechten und bekommen den ersten Tritt ins Gesicht von Ihrem
freundlichen Vernehmer, der Hysterie einfach nicht mag, Hysterie nicht und Lügen nicht und falsche Kameraderie nicht und
Märtyrertum schon überhaupt nicht. Denn hier gibt es nichts
mit Stolz zu erleiden, hier gibt es eine Unterschrift unter das
Geständnis zu schreiben, damit endlich Feierabend ist. Ihret-
wegen muss er zum Geburtstag seiner Gattin zu spät kommen,
nur weil Sie in falsch verstandener Solidarität alle Ihre sogenannten Freunde schützen wollen. Niemand ist mit Ihnen
solidarisch. Er, Ihr Vernehmer, würde sie allerdings nicht als
Freunde bezeichnen, da sie sich in der Not eben doch nicht
bewährt haben.

Und in der Not befinden Sie sich schon, Herr Richter, weil
Ihnen das Todesurteil droht, von dem es nach den Erfahrungen
der letzten Monate keine Begnadigung gibt. Es müsste Sie ja
derselbe begnadigen, den Sie so beleidigt haben, wenn es stimmt,
was Ihre Freunde angegeben haben.

Nun wollen wir, sagt der Vernehmer – schon nicht mehr so
geduldig –, doch die Schuldfrage endlich gerecht klären: Wer

hat nun was wann wo in wessen Beisein zu wem gesagt? Und was hat der andere entgegnet?

Man kann sich doch hier, schreit der Vernehmer Sie an, nicht nur zwischen lauter krankhaften, feigen Lügnern befinden, die sich vor Angst um ihre Haut in die Hosen machen.

Was fließt da aus Ihrem Mund?

Beschmutzen Sie nicht den Fußboden. Lecken Sie ihn sauber.

Was für dünnes Blut du hast, sagt der Vernehmer und rührt in Ihrem Blut, das sah ich sonst nur aus Schweinen fließen bei meinem Vater, dem Metzger. Ich wiederhole noch einmal für Begriffsstutzige wie dich langsam und verständlich: Alle deine sogenannten Freunde liegen schon mit ihren Frauen oder wemweiß-ich im Bett, weil sie ihre Aussagen und, wenn nötig, ihre Geständnisse unterschrieben haben und nach Hause entlassen werden konnten. Auch dich würden wir, sagt der Vernehmer und drückt eine Zigarette an Ihrem Hals, Herr Richter, aus, auf der Stelle, zwar nicht gleich nach Hause, aber doch in deine ruhige Einzelzelle bringen.

Denn auf die Wunden muss ja ein Verband, Hygiene wird im 20. Jahrhundert, noch dazu in Europa, großgeschrieben, nicht wahr?

Nur die Unterschrift fehlt, Vor- und Zuname. Das Geständnis liegt schon maschinengeschrieben vor.

Es muss vorliegen. Womit soll der Richter sonst operieren? Wir haben einen Rechtsstaat. Ohne Geständnis kein gerechtes Urteil.

Dann eben keine Unterschrift. Sie werden schon noch unterschreiben.

Ich sehe Sie schon wimmern auf dem nassen Kellerfußboden ohne Decke.

Aber es ist Ihre Schuld: Warum haben Sie Menschen vertraut? Nicht nur einem, nein, mehreren. Und jetzt wissen Sie nicht, wer Sie verraten hat. Oder sollen Sie an ein Abhörgerät glauben? Der Vernehmer wusste zu gut Bescheid über die Gespräche der letzten Wochen. Jedoch er hielt Ihnen auch Einzelheiten vor, die man nur mit den Augen registrieren kann.

Abgehört und ein Verräter? Oder nur ein Verräter? Oder mehrere?

Niemand, Herr Richter, auch Sie nicht, niemand kann mir diese Gedanken ansehen. Die Gedanken sind frei, Herr Richter, wer kann sie erraten? Sie fliegen vorbei wie nächtliche Schatten, kein Mensch kann sie wissen und so weiter.

Ihr Gesicht ohne Verletzung. Gleich werden Sie in der Verhandlung eine Mittagspause anberaumen und mit Ihrem Beisitzer, vielleicht auch nur mit Ihrer aparten Beisitzerin in die Cafeteria zum Essen gehen als freier Mann, während mich der Wachtmeister in das Untersuchungsgefängnis zum Essenkübel bringt.

Das ist der beste Beweis.

Ich seh etwas, was ihr nicht seht, und das ist Blut.

Am Tod des Gelehrten bin ich unschuldig. Nein, da ist nichts zu gestehen.

Er war ein ungewöhnlich erotischer Mann, klug, gebildet, welterfahren. Das genaue Gegenteil von meinem Mann. Er war 28 Jahre älter als ich und lebte allein, natürlich nur in seiner Wohnung: Er hatte viele Frauen, das fand ich bald heraus.

Jedes Mal, wenn er, eigentlich nur routinemäßig oder höchstens aus alter Verbundenheit, mit den drei anderen Männern, den ehemaligen, nun alt gewordenen christlichen Studenten, mittwochs zum Dämmerschoppen in unser Haus kam, freute ich mich und versuchte, seine Aufmerksamkeit zu erregen. Aber es gelang mir nicht.

Er hatte Philosophie und Theologie studiert und war vor dem Ersten Weltkrieg Pfarrer und Direktor der Deutschen Schule in Alexandrien, in dieser Funktion auch acht Jahre der Lehrer des später zweithöchsten Mannes im Staat, Heß. Nach dem Ersten Weltkrieg ließ er sich als Pfarrer pensionieren. Das war seine freiwillige Entscheidung und wurde ihm nicht aufgezwungen wie meinem Mann nach beruflichem Versagen. Er studierte trotz der Pensionierung noch Geografie, Archäologie und Ägyptologie, promovierte, verfasste wissenschaftliche Aufsätze und hielt viele Vorträge über Ägypten und den Orient. Ich bewunderte ihn.

Nur am Anfang begrüßte er das Neue Reich, ging aber bald in ironische Distanz zu dem System und versammelte, besonders nach der Flucht von Heß während des Krieges nach England, Gleichgesinnte in seiner Wohnung, um mit ihnen den englischen Rundfunk zu hören und über die gehörten Sendungen zu diskutieren.

Die Freitagabend-Treffen tarnte er als Freitagskränzchen. Dazu lud er ein: den Kunstmaler, der den Sender genau einstellte, er war verheiratet mit der jüdischen Frau und befreundet ausgerechnet mit einer Krankenpflegerin; die drei bildeten den Stamm. Dazu kamen, nicht regelmäßig: eine Medizinstudentin, mit deren Mutter der Gelehrte früher befreundet gewesen war, eine Lehrerin und die Filialleiterin eines Milchgeschäfts. Es waren also überwiegend Frauen, und zwar junge, anziehende Frauen.

Ich fühlte mich zurückgesetzt und ausgeschlossen, war neugierig und in meinem Stolz verletzt – ich wollte auch gern dazugehören.

Ich fragte mich, warum lädt er mich nicht ein? Sind es seine Vorbehalte gegen mich, weil ich zu ungebildet bin, keinen Beruf habe? Ist es sein Misstrauen, weil ich Mitglied der Partei bin und er sich als Gegner versteht? Ist es Gleichgültigkeit gegenüber meinem Mann und mir? Kommen wir ihm vielleicht gar nicht in den Sinn, wenn er an sein Freitagskränzchen denkt? Oder, das wäre am schlimmsten gewesen, ist es sein Desinteresse an mir als Frau? Bin ich ihm zu alt? Zu reizlos?

Aber in der damaligen Zeit konnte man sich gerade in dieser Beziehung nicht aufdrängen.

Ich lud ihn öfter zum Mittagessen ein, wenn ich mit einem Paket meiner Mutter einen Leckerbissen aus Schweden bekommen hatte. Aber außer einem Blumenstrauß bei seinem Eintritt erhielt ich nichts, keine Gegeneinladung.

So ging das mehrere Jahre.

Was stört dich an mir, dass du mich nicht willst?, dachte ich ganz intensiv, wenn er mir beim Trüffelessen gegenübersaß. Aber er lehnte sich zurück und erfreute sich am Stuck unseres Esszimmers.

Wenn er mich nicht als Frau beachtete, nicht als Köchin, dann sollte ihn wenigstens meine politische Zuverlässigkeit beeindrucken, überlegte ich. Ich erzählte ihm, wie sehr ich politisch enttäuscht sei: vom System und der Partei, von der Jugendorganisation, deren Mitglied meine Tochter war, dass ich deshalb täglich den schwedischen Rundfunk hörte, um besser informiert zu sein als über den einen Sender in Deutschland, dem ich nicht mehr traute.

Ich erzählte, dass ich, seitdem ich auch im Krieg wieder nach Schweden reisen dürfte, Post unter Umgehung der Postkontrolle mitnehmen könne.

Da, endlich, lud er mich ein.

Zu spät, denn ich konnte nur noch fünfmal teilnehmen: Von der ersten Einladung zum Silvester-Freitagabendkränzchen 1941 bis zu seiner Verhaftung am 6. Februar 1942 verstrichen nur fünf Wochen. Bis zu seinem Tod vier Jahre später hab ich ihn nicht mehr gesehen.

Wie alt Sie geworden sind, Sie eigens aus Amerika angereister Zeuge, dritter Mann aus dem Dämmerschoppen.

Auch Sie sehen mich nicht an, wie die anderen Überlebenden. Aber ich habe Ihnen doch nichts getan, im Gegenteil: Ich habe Ihnen sogar uneigennützig geholfen bei der Beförderung Ihrer Post.

Dafür haben Sie mir auch uneigennützig zu meiner regelmäßigen Ausreiseerlaubnis nach Schweden verholfen. Ohne Sie hätte ich immer in diesem Kriegsdeutschland leben müssen, ohne die friedliche schwedische Oase zweimal im Jahr, und ohne mich hätten Sie nicht gewusst, wie es Ihrer Frau und Ihren Kindern in Deutschland geht, und diese hätten von Ihnen nichts gehört.

Das werden Sie hier vor Gericht gleich zugeben müssen. Ja. Obwohl schon früh in die USA ausgewandert und bald eingebürgert, berichten Sie, waren Sie nach Beginn des Dritten Reichs mit Ihrer Frau und zwei Kindern nach Deutschland zurückgekehrt, während die älteste Tochter in Amerika blieb.

Nach Kriegsbeginn sehnten Sie sich zurück zu dieser Tochter und nach Amerika, aber Ihre Frau wollte mit den beiden kleinen Kindern lieber in Deutschland bleiben.

Wie die Post befördern in Kriegszeiten? Haben Sie da zu Hause überlegt.

Ihre Frau kam auf die Idee, sagen Sie, mich zu bitten, weil ich als Einzige aus Ihrem Bekanntenkreis unter Umständen auch im Krieg ins neutrale Ausland fahren dürfte, die Briefe in Schweden in den Briefkasten stecken und die Antworten über eine schwedische Adresse empfangen könnte.

Aber ich hatte keine Ausreiseerlaubnis.

Sie fragten darum, bezeugen Sie, aus eigenem Entschluss einen Offizier der militärischen Abwehr, mit dem Sie befreundet waren, wie man mir eine Ausnahme-Ausreise ermöglichen könnte.

Er versprach, beschwören Sie, mich mit einem Kriminalrat der Geheimen Polizei zusammenzubringen, wenn er mich vertrauenswürdig finde.

Sie machten mich mit ihm bekannt.

Er fand mich vertrauenswürdig.

Dann begleiteten Sie und Ihr Sohn ihn und mich zur Dienststelle der Geheimen Polizei.

Sie und Ihr Sohn warteten draußen, während der Abwehroffizier mich in den Raum des Kriminalrates, des Leiters der Dienststelle, brachte, aber allein herauskam.

Angeblich habe ich mit diesem Leiter allein verhandelt. Das war sieben Monate nach Kriegsbeginn.

Als ich wieder zu Ihnen trat, erinnern Sie sich, hatte ich den Sichtvermerk in meinem Pass. Er wurde mir anstandslos während des gesamten Krieges erteilt.

Wie hätte ich sonst Ihre Post befördern können?

Ich hätte auch, sagen Sie, alle Ihre Post zuverlässig besorgt und Ihnen gesagt, dass ich die aus Deutschland gehende Post vorher einem Abwehroffizier in Berlin und die aus Schweden mitgebrachte Post einem Abwehroffizier in Frankfurt/Main vorlege. Die Namen dieser Offiziere hätte ich Ihnen nicht genannt. Weiter wissen Sie nichts, und das nehmen Sie jetzt auf Ihren Eid.

Nie, Herr Pfarrer, würden Sie einen Meineid schwören.

Löser.

Löser wird nichts sagen.

Er würde sich ja selbst belasten.

Ein ehemaliger Kriminalobersekretär bei der Geheimen Polizei schweigt.

Wo haben Sie ihn hergeholt, Herr Richter? Aus dem Zuchthaus? Jahre habe ich ihn nicht gesehen.

Wir durften uns nicht kennen, nicht erkennen nach dem Krieg.

Auch heute kenne ich ihn nicht, noch nie hab ich ihn gesehen, nie hab ich seine warmen blonden Haare gestreichelt, seine Schenkel auf meinen.

Wie ein Grab werde ich schweigen über uns. Was sagt er, was war er?

Ein Gegner des Regimes schon vor dem Krieg? Löser, der Geheime Polizist – ein Gegner? So hat er es jedenfalls den Amerikanern gesagt. Sich selbst gestellt? Mit einem ausführlichen schriftlichen Bericht?

Klug. Die einzige, Rettung versprechende Methode, denn sein Name fand sich in der Personalakte der Geheimen Polizei. Er steht auf Beförderungslisten, Gehaltsnachweisen, Quittungen. Er konnte nicht leugnen.

Da hat er sicher ausgewählt, ich hätte es auch getan: die Guten ins Töpfchen, die Schlechten ins Kröpfchen, die Schlechten ins Kröpfchen des neuen Staates, die Guten ins Töpfchen der Vergessenheit.

Herr Richter, Sie müssen ihn loben: alles sachlich dargestellt, in allen Einzelheiten.

Er hätte bei der Aufklärung der brutalen Methoden der Geheimen Polizei geholfen? Ein Kronzeuge?

Aber mich hat er nicht genannt. Oder? Es wäre niedrigster Verrat.

Es wäre nichts als üble Nachrede.

Er tut es nicht. Er verrät mich nicht.

Er ist der einzige Mensch, dem ich mich ganz anvertraut habe. Immer hatte ich sonst Vorbehalte: Meine Mutter war zu schön. Sie verwendete zu viel Interesse auf sich. Mein Vater war zu gleichgültig, er traute mir nichts zu. Mein Mann war zu einsam, zu furchtsam, er hatte zu viel mit der Angst vor den Menschen zu tun.

Ach, ich habe dir vertraut, weil du stark warst, du konntest mich halten, kanntest das Böse in mir. Wir kannten es beide. Wir brauchten uns nicht zu verstellen, wenn wir miteinander allein waren.

Da, er sagt es, gleichmütig: Ich kenne sie.

Löser sagt, dass er mich kennt.

Er hat Buch geführt über unsere Zusammenkünfte, auch über unsere Liebesminuten, Liebesstunden, es waren niemals Liebestage. Er hat es zu Hause bewahrt, jahrelang, zu seiner Entlastung, sagt er, weil er wusste, dass man mich noch einmal überführen würde, musste, bei allem, was ich auf dem Gewissen hatte.

Was er zur Aufklärung beitragen kann, will er beitragen.

Er holt das Notizbuch hervor.

Geltungssüchtig, ränkehaft, abenteuerlustig sei ich.

Eine überdurchschnittliche Intelligenz sei mir nicht abzusprechen. Aber ich sei kalt. So, wie ich einen nach dem andern ans Messer geliefert hätte – nicht an sein Messer, er sei ja nur Befehlsempfänger gewesen, was habe er schon gegen meinen Vernichtungseifer tun können, als möglichst langsam seine Pflicht zu erfüllen –, das habe ihm Grauen eingeflößt. Dass ich als zugezogene kleine Lehrersfrau – er sei ja auch nur ein kleiner Beamter gewesen – lauter anständige, alteingesessene Familien zerstörte, die Männer hinter Gitter brachte oder unters Fallbeil mit meinen schmutzigen Denunziationen. Am liebsten hätte er meine Anzeigen verschwinden lassen, aber ich habe mich bald gar nicht mehr bei den unteren Rängen seiner Dienststelle aufgehalten, nur noch mit Berlin verkehrt.

Weil ich kein Honorar für meine Dienste forderte, musste mir die Geheime Polizei das Geld für meine zusätzlichen Ausgaben regelrecht aufdrängen. Manchmal überbrachte er mir nur ein paar notwendige Devisen für Schweden.

Er habe es so verstanden, dass mir an Geld nichts, aber an der Ausreisemöglichkeit nach Schweden so viel gelegen hat, dass ich, nur um diese Möglichkeit nicht zu verscherzen, mich der Geheimen Polizei nützlich erweisen wollte, ohne Zwang Berichte über Berichte schrieb, manchmal über Personen, die der Geheimen Polizei noch gar nicht aufgefallen waren.

Zum Beispiel hätte ich so über eine Lehrerin berichtet, die schon jahrelang mit der Familie eines schwedischen Erzbischofs befreundet war und ein Buch von diesem aus dem Schwedischen übersetzt hatte, worum ich sie wohl sehr beneidete, vor allem über ihre verbotene Lektüre (die Bücher habe ich ihr geborgt und ihm gesagt, wo er bei der Haussuchung nach ihnen greifen müsse) und ihr heimliches Nachrichtenhören, dass er nicht anders konnte, als diese Berichte weiterzuleiten, ausgerechnet an seinen Vorgesetzten, der wegen seiner Folterungen auch mir bekannt gewesen sei und der natürlich sofort die Verhaftung dieser Lehrerin anordnete.

An dem Freitagskränzchen habe diese Lehrerin aus Antipathie gegen den Gelehrten nie teilgenommen, sei auch auf meine ausdrückliche Einladung hin zu den letzten fünf Zusammenkünften nie mitgekommen, wie zum Beispiel der Pfarrer aus unserem Dämmerschoppen, der sich später in der Haft erhängte.

Die Lehrerin musste aus der ersten Haft der Geheimen Polizei entlassen werden, aus Mangel an Beweisen. Sie hatte wohl Verdacht gegen mich geschöpft und leugnete, als sie merkte, dass ihr keine Beweise vorgelegt werden konnten und ihr nur Dinge vorgehalten wurden, die ich wusste. Sehr gefährliche Dinge, zum Beispiel dass sie sich um eine versteckt lebende jüdische Familie kümmerte, was sie aber niemandem anvertraut hatte, waren ihr nicht angelastet worden. Sie vermutete darum, dass sie Opfer einer einzelnen Denunziation war.

Nach ihrer Entlassung, noch am gleichen Tag, warnte sie alle meine Bekannten vor mir, aber das waren nicht mehr allzu viele. Als ich davon hörte, schrieb ich ihr einen Drohbrief, ich würde alles bei der Geheimen Polizei anzeigen, was ich von ihr wisse, wenn sie ihre Behauptung nicht zurücknehme. Sie beauftragte daraufhin einen Rechtsanwalt, meine Drohung als Erpressung zurückzuweisen und mich aufzufordern, eine Verleumdungsklage gegen sie anzustrengen. Ich tat das nicht, beschwerte mich stattdessen bei der Geheimen Polizei über sie. Zusammen mit belastenden Aussagen von zwei Kolleginnen dieser Lehrerin reichte das aber zu einer zweiten Verhaftung, die sie ins Gefängnis brachte. Am Tag ihrer Entlassung sorgte ich dafür, dass sie sofort von der Geheimen Polizei ins Konzentrationslager Ravensbrück eingewiesen wurde. Sie wird gegen mich aussagen, sagt Löser, denn sie hat überlebt.

Ein Kollege von ihm habe dieser Lehrerin schließlich gesagt, was natürlich verboten war, dass ich die Urheberin der Anzeigen sei. Alle Berichte habe er sich nach meinem vorherigen Anruf von mir zu Hause abgeholt, zuerst in zweifacher, dann in dreifacher maschinengeschriebener Ausfertigung, weil die oberste Behörde in Berlin auch einen Durchschlag wollte. Und warum sollte er noch einmal alles abschreiben, wenn ich nur einen Durchschlag mehr einzuspannen brauchte, um dem Anliegen aus Berlin zu entsprechen?

Überhaupt hätte ich ja zunehmend meine Aufträge von dort bekommen, er habe dann nur Befehle an mich übermitteln müssen. Als »Geheimsache« und als »Geheime Reichssache« seien meine Berichte und auch die Befehle an mich zu behandeln gewesen.

Anfangs habe ich noch manchmal meine Unterschrift unter den Berichten vergessen – natürlich mit Decknamen –, dann habe er sie mir noch einmal zurückgeben müssen.

Die Berichte, sagt er, handelten von den Gesprächen im Freitagskränzchen, dem Diskussionszirkel des Gelehrten, so genau, dass er anfangs dachte, es werde eher ein Fall für die Sittenpolizei als für die Geheime Polizei.

Aber ich hätte, sagt er, brauchbares Material von Staatsfeinden geliefert, durch gezielte Fragen oder interessante Vorschläge, zum Beispiel, jeder solle die Briefe mit politischem Inhalt, die er erhalte oder schreibe, im Kreise vorlesen, um die anderen zum Widerstand im Denken zu ermutigen, und jeder solle über Missstände im Reich – in der Armee, im Arbeitsdienst, in der Versorgung, in der Informationspolitik – berichten. So habe sich der frühe Zugriff auf die Gruppe gelohnt.

Und immer hätte ich, wie es ein richtiger Lockspitzel tun müsse, provoziert, sagt er, sodass die anderen mich für eine erbitterte Gegnerin des Staates gehalten und mir anvertraut hätten, dass auch sie zu Hause, wie ich es ihnen von mir erzählt habe, heimlich ausländische Rundfunksendungen hörten und verbotene Bücher lasen.

Auch im Ausland, in hohen kirchlichen Kreisen, sei man nach meinen Besuchen der Auffassung gewesen, dass man es bei mir mit einer Gegnerin des Staates aus christlicher Überzeugung zu tun habe.

Darum hätte ich ja auch, sagt er, die wertvollen Kontakte zum schwedischen Erzbischof knüpfen können, dem ich eine Denkschrift des deutschen katholischen Paters Bruder Paulus über ein demokratisches Deutschland nach dem Zusammenbruch der Diktatur übermitteln sollte. Ich hätte dem Pater auf Anweisung der Geheimen Polizei dringend geraten, zur Niederschrift nicht seine eigene Schreibmaschine zu verwenden, man könnte ihn sonst überführen, wenn man die Denkschrift wider Erwarten bei mir oder vielleicht sogar schon bei ihm fände. Ich hätte die Denkschrift aber nicht dem schwedischen Erzbischof, sondern der Geheimen Polizei übergeben.

Mit sichtbaren Beweisen ist Bruder Paulus im fünften Kriegsjahr durch den Volksgerichtshof zum Tode verurteilt und auch bald hingerichtet worden. Seine Verhaftung erfolgte übrigens in meiner Gegenwart, gerade nachdem er mir in meinem Hotel in Berlin, wie verabredet, das gefährliche Schriftstück übergeben hatte. Die hereinstürmende Geheime Polizei fand es in meiner Handtasche.

Sicher hat sich Bruder Paulus bis zu seiner Hinrichtung Vorwürfe gemacht, mich gefährdet und als freiwillige Kurierin dem Tode geweiht zu haben.

Er hat sofort, ganz ohne Folter, ein volles Geständnis abgelegt. So ein Idealist, so ein Träumer, so ein Wahrheitsfanatiker war das.

Auch das Freitagskränzchen, sagt Löser, hätte aufgrund meiner detaillierten Berichte Mann für Mann und Frau für Frau überführt werden können. Völlige Überraschung über die Verhaftung habe in diesem Kreis eine Rolle gespielt. Weil sie alle nicht an einen Verräter glauben konnten, sondern nur an ein Abhörgerät, hielten sie Leugnen für sinnlos.

Das wäre aber natürlich das einzig Sinnvolle gewesen.

Meine Berichte, sagt Löser, habe der Staatsanwalt vor Gericht nicht verlesen können. Denn, wie gesagt, Vertrauenspersonen der Geheimen Polizei werden meist geschützt. Nur mit dem richtigen Namen unterschriebene gegenseitige Belastungen und eigene Geständnisse kann ein Richter verwerten. Die musste die Geheime Polizei also dem Gericht liefern.

Weil ich so ein geschickter Lockvogel gewesen sei, sagt er, hätte mich die Geheime Polizei nicht verlieren wollen. Darum habe ich mich auf die Anweisung der Geheimen Polizei zum Schein für kurze Zeit inhaftieren lassen müssen, bis ich aus dem Gesichtskreis meiner Opfer verschwunden war. Zur Tarnung sei dann eine Stunde vor mir offiziell die Frau eines Professors aus der Haft entlassen worden, damit sie ihre Kinder, 17 und 18 Jahre alt, betreuen konnte. Auch ich habe danach zur Kinderbetreuung entlassen werden können, meine Tochter war damals 18 Jahre alt. Die anderen hätten erst Verdacht geschöpft, als sie schon in der Falle saßen.

Mein Deckname bei der Geheimen Polizei, und so habe zu meiner Sicherheit auch nur von mir gesprochen werden dürfen, sei mein Kosename als Kind, als kleines Mädchen in Schweden gewesen. Er gibt diesen Kosenamen, unser Geheimnis, zu Protokoll: Babsy.

Meine Akte sei, wie bei allen Vertrauenspersonen der Geheimen Polizei, mit einer Nummer geführt worden. Er sagt die Nummer.

Er sieht in sein Notizbuch: Am Soundsovielten um soundso viel Uhr habe mir ein Kollege, der das nachher noch bezeugen werde, im Auftrag höherer Stellen aus Berlin in einem Café der Innenstadt einen Blumenstrauß mit einem Dankschreiben für meine wertvollen Dienste überreichen müssen.

Er selber habe mich zum ersten Mal am soundsovielten

Oktober des dritten Kriegsjahres gesehen. Sein damaliger Vorgesetzter, der inzwischen hingerichtete Soundso, habe uns bekannt gemacht und ihm mitgeteilt, ich hätte auf seine vom Reichssicherheitshauptamt empfohlene Nachfrage, ob ich wegen meiner außergewöhnlich guten Kontakte zur evangelischen und katholischen Kirche sowie meiner häufigen Reisen nach Schweden zu einer Zusammenarbeit mit der Geheimen Polizei bereit sei, ohne Weiteres zugestimmt.

Er, Löser, sei von seinem Vorgesetzten als Verbindungsmann eingesetzt worden, darum habe er auch den jahrelangen Kontakt zu mir gehalten. Ich sei immer freundlich zu ihm gewesen und habe ihm sogar einmal aus Schweden für seine kranke Frau Kaffee mitgebracht.

Auffällig sei für ihn gewesen, dass ich immer auf Verhaftungen und Verhöre beim Freitagabendkränzchen um den Gelehrten gedrängt habe, statt lieber weiter ausführliche Berichte zu liefern, die noch einen größeren Kreis von staatsfeindlich eingestellten Personen dingfest gemacht hätten.

Die Geheime Polizei – er sei dabei gewesen – habe am 6. Februar 1942 das Freitagabendkränzchen ausgehoben, nicht ohne mich dafür verantwortlich gemacht zu haben, dass an diesem Tag auch alle Teilnehmer vollzählig da seien.

Der Gelehrte und der Kunstmaler hätten sich nach der Verhaftung in den Verhören gegenseitig belastet, und zwar so, dass es für beide zum Todesurteil vor dem Volksgerichtshof gereicht hat.

Der Kunstmaler wurde nicht wie der Gelehrte begnadigt, obwohl sich auch für ihn viele einsetzten. Die Jüdin, mit der er verheiratet war, war nur so lange geschützt, wie er lebte. Nach seiner Hinrichtung kam sie aus dem Zuchthaus ins Konzentrationslager Auschwitz, aus dem sie nicht zurückkehrte. Erst vergast und dann verbrannt.

Woher sollte ich wissen, dass man dort so etwas machte?

Der Pfarrer aus der Mittwochsrunde, dem Dämmerschoppen in unserem Archivhaus, der sich nach einem Verhör in der Haft der Geheimen Polizei erhängte, hat das wirklich selbst getan, versichert Löser glaubhaft.

Wie er alles glaubhaft versichert.

Denn Sie, Herr Richter, können ihm nur glauben, vereidigen können Sie ihn nicht. Zu sehr könnte er sich selbst belasten.

Wem dient er? Immer denen, die richten dürfen?

Herr Richter, Sie wollen ein Geständnis. Ich will sprechen.

Ich könnte Ihre Mutter sein, Sie können mir also glauben: Ich kenne ihn nicht. Diesen Mann habe ich noch nie gesehen. Diese Frau, die mich im Freitagabendkränzchen des von mir sehr verehrten Gelehrten getroffen haben will, habe ich noch nie gesehen.

Der Mann, den ich nicht kenne, sagt so abscheuliche Dinge über mich, dass ich nur annehmen kann, er will sich als ehemaliger verantwortlicher Mitarbeiter der Geheimen Polizei reinwaschen und von seinen Untaten ablenken.

Er ähnelt einem Mann, der für die Abwehr der deutschen Wehrmacht arbeitete, mich zu Hause besuchte und mich zu meinen Eindrücken im Freitagabendkränzchen des Gelehrten befragte.

Er wollte auch die anderen Teilnehmer befragen.

Nein, ich habe mich nicht bei ihnen erkundigt, ob er auch bei ihnen war.

Mein Mann übte in dieser Zeit die Postkontrolle im Konzentrationslager Bergen-Belsen aus. Er hätte also gar keine Zeit gehabt, meine Berichte in ein gutes Deutsch zu bringen.

Mein Mann wollte allerdings, das muss ich zugeben, dass ich an dem Freitagabendkränzchen des Gelehrten teilnehme, weil es dort so unanständig zuging und er Material gegen ihn sammeln wollte, um ihn wegen moralischer Verfehlungen endlich aus der christlichen Studentenorganisation ausschließen zu können.

Ich sträubte mich. Aber er zwang mich, hinzugehen und ihm zu berichten.

Ich schrieb auch Tagebuch und unterschrieb jedes Blatt mit dem von meinem Vater und meiner Mutter in meiner Kindheit für mich verwendeten Kosenamen, der mit dem von diesem Herrn Löser genannten übereinstimmt. Ich gab diese Tagebuchaufzeichnungen meinem Mann, der sie an einen Freund auslieh.

In einem Punkt hat Herr Löser, Ihr Kronzeuge, recht: Damals ging das Gerücht, dass ich zu diesem Freund meines Mannes, einem Professor, in intimer Beziehung stünde.

Sie werden verstehen, Herr Richter, dass ich über solche Beziehungen aus Schamgefühl und Diskretion nie etwas öffentlich verlautbaren lassen würde. Vielleicht ist bei diesem Freund meines Mannes einmal eine Haussuchung durchgeführt worden, und die Aufzeichnungen kamen so in die Hände der Geheimen Polizei.

Warum die anderen eine Todesstrafe bekamen und ich für das gleiche Delikt nicht verurteilt wurde, kann ich mir nicht erklären.

Warum ich als Mitwisserin des katholischen Paters und frei-willige Kurierin seiner Denkschrift – immerhin wurde ich im Urteil namentlich erwähnt – nicht auch verurteilt wurde, war mir ein Rätsel.

Ja, ich bin im Urteil als von ihm ausersehene Überbringerin genannt: Mein deutscher Familienname ist gleichzeitig auch ein deutscher weiblicher Vorname. Auf den vermeintlichen Vor-namen folgt das Wort »von« und dann die Stadt, von der aus ich die Denkschrift nach Schweden bringen sollte. In dieser Zu-sammenstellung klingt mein Name wie der einer Adligen. Es ist Zufall und keine Tarnung. Warum hätte mich das Gericht schützen wollen?

Wenn Ihr Familienname zum Beispiel Heinrich lautet und Sie einen Brief von Eberswalde nach Frankreich bringen sollten, hätte im Urteil gestanden: Den Brief sollte der ehemalige deut-sche Staatsbürger Heinrich von Eberswalde nach Frankreich bringen.

Ich verstehe nun, warum mich keiner in Deutschland er-kannte, so lange, bis die Überlebenden aus dem Zuchthaus oder dem Konzentrationslager entlassen wurden.

Nein, ich musste im Dritten Reich vor Gericht nicht er-scheinen, weder als Angeklagte noch als Zeugin. Nicht wegen des Freitagabendkränzchens, nicht wegen der Lehrerin mit den Kontakten nach Schweden und nicht wegen des katholischen Paters.

Nein, ich habe selbstverständlich die Lehrerin meiner Tochter nicht angezeigt, ebenso wenig den Schuhmacher und den ehe-maligen Verlobten meiner Tochter und ehemaligen Schutz-

Staffel-Angehörigen, als sie mir im Vertrauen sagten, dass sie den englischen Rundfunk hören und dass sie glauben, der Krieg könne nicht mehr gewonnen werden.

Sie hatten mir doch nichts getan.

Ich habe niemanden angezeigt, ich sagte es schon. Ich habe nur Zeugenaussagen gemacht wie die anderen.

Warum mich Schweden auswies und nicht wieder einreisen lässt, kann ich mir nur mit einem Missverständnis erklären. Es beruht darauf, dass mich nach dem Krieg in Schweden ein Reporter interviewte und unter dem Titel »Ich war Hitlers Wirtin« eine Begebenheit aufbauschte, die ich ihm erzählt hatte.

Hitler hat in unserem Archivhaus einmal mit seinem Stab Station gemacht. Ich soll dem Reporter angeblich erzählt haben, dass ich mir in Gegenwart des Führers meine Bouillon heruntergewürgt habe, dass der Offiziersbursche sich die Hände in Sekt gewaschen und Hitler mir zum Dank mehrere Kisten Seife und Sekt geschickt hätte.

Nun, ich habe es nicht erzählt, sondern der Reporter hat meine Worte falsch wiedergegeben.

Er hat auch fälschlich verstanden, dass mein Mann Lagerkommandant von Bergen-Belsen war. Das war nur ein Gerücht in unserer Stadt. Mir liegt Angeberei und Geltungssucht fern.

Nein, dieser Artikel wurde mir nicht vorgehalten, als ich 1946 ausgewiesen wurde. Aber einen anderen Grund für die Ausweisung kann ich nicht finden.

Es steht doch fest, und wenn Sie Herrn Löser sonst glauben, könnten Sie ihm ja auch das glauben, dass die Teilnehmer des Freitagabendkränzchens sich gegenseitig belasteten.

Selbst wenn ich einen Bericht geschrieben hätte, wäre ihnen

nichts passiert, wenn sie alles geleugnet hätten. Und ich hätte, wenn der Sichtvermerk in meinem Reisepass nach Schweden wirklich eine Belohnung für entsprechende Spitzeldienste gewesen sein sollte, diesen Sichtvermerk weiter bekommen, weil die Geheime Polizei immer hätte hoffen müssen, doch noch einen Leugnenden überführen zu können.

Das beste Beispiel ist der Pfarrer aus unserem Dämmerschoppen, der nach einem Verhör und einer Haussuchung wieder entlassen werden musste. Er hat an einem Mittwoch beim Tee geäußert, bei ihm werde die Geheime Polizei nichts finden. Nein, er nahm an dem Diskussionszirkel bei dem Gelehrten nicht teil.

Ich weiß nicht, warum bei ihm überhaupt eine Haussuchung stattfand. Vermutlich hat ihn jemand wegen der Äußerung denunziert.

Ich weiß nicht, wie diese beiden Zeuginnen, die ich auch noch nie gesehen habe, darauf kommen zu sagen, ich hätte sie ausdrücklich aufgefordert, am 6. Februar 1942 nicht ins Kino zu gehen, wie sie es vorhatten, sondern lieber mit mir in das Freitagabendkränzchen.

Ja, damals hatte ich auf Einladung des Gelehrten schon viermal teilgenommen, und ich wusste, dass nur er Einladungen aussprach, niemals einer seiner Gäste. Warum hätte ich jemand einladen sollen? Also werde ich es auch nicht getan haben.

Und es stimmt auch nicht, dass ich diese Frau, die wie ich aus Schweden stammt, gewarnt habe, am nächsten Tag unter keinen Umständen in die Stadt zu fahren, weil etwas Furchtbares passieren werde. Ich entsinne mich nicht, sie gefragt zu haben, ob sie von den dunklen Mächten wisse und von dem Gefühl, verhaftet und in einem Wagen fortgefahren zu werden.

Sie ist, da kann sie sich doch freuen, genau wie ich nicht verurteilt, nicht einmal verhaftet worden.

Ich habe nichts gestanden bei der Geheimen Polizei.

Darum konnte man mir nichts anhaben.

Dass ihr Mann, der Professor, meine merkwürdige Warnung schon einen Tag vor dem 6. Februar, also am 5. Februar 1942, in sein Tagebuch schrieb und nun hier vorweist, kann ich mir nur so erklären, dass man alles fälschen kann, auch Tagebücher.

Warum ich bei meinen Besuchen in Schweden während des Zweiten Weltkrieges auf die Zustände in Deutschland schimpfte, über Folterungen der Geheimen Polizei sprach, aber weder über die Hinrichtung des katholischen Paters, dessen engste Vertraute ich war, noch über seine abgefangene Denkschrift, deren Inhalt ich genau kannte und zu deren Niederschrift ich ihn angeregt hatte (und ich war dabei die einzige Augenzeugin), das kann ich Ihnen, Herr Richter, allerdings sofort erklären: War die Geheime Polizei nicht allgegenwärtig? Auch im neutralen Ausland? Gibt es nicht überall Verräter?

Herr Richter, ich will gestehen.

Ich bin unschuldig. Ich war nur ein Stein. Nur der erste Stein einer Steinlawine. Ich bin eine Gedankentäterin. Nur mit Buchstaben, geschriebenen Worten, soll ich andern geschadet haben? Warum müssen sie immer alle so spotten, warum dünken sie sich besser, klüger, edler? Sie hätten ja nichts heimlich sprechen müssen. Erst im Verborgenen verbotene Dinge tun und dann nicht dazu stehen. Sollte ich deshalb vielleicht nicht in mein Heimatland fahren können, wenn ich doch die Möglichkeit dazu hatte? Vielleicht litten die anderen nicht unter dieser peinigenden Sehnsucht, sich in einem Seidenkleid in das gepolsterte Erste-Klasse-Abteil eines D-Zuges zu setzen, verabschiedet von einem Offizier am Bahnsteig, die verstohlenen Blicke des seriösen Gegenüber, durch die immer flacher werdende norddeutsche Landschaft zu fahren, von der Fähre aus die Ostsee zu sehen, das kriegerische Deutschland hinter sich zu lassen und dann in Stockholm anzukommen, empfangen von einem sanften, klugen Mann der Kirche oder einem Freund aus der Kindheit, bei den friedlichen Menschen auf der Straße zu sein, ohne Angst vor Bomben oder Hunger oder Tod. Darauf sollte ich verzichten, nur weil ich mich vielleicht weigerte, auf höfliche Anfragen meines Gastlandes über ein paar arrogante Querulanten nicht einige harmlose, wahrheitsgemäße Auskünfte zu erteilen?

Dieser Aufwand, diese vielen Zeugen.

Wegen Beihilfe zum Mord wollen Sie mich belangen.

Niemals werden Sie mich deshalb verurteilen können. Denn ich habe nicht beim Morden geholfen. Es sind nicht einmal alle tot, die ich tot haben wollte. Auch du lebst, immer noch, mein Brüderchen, mein geköpftes. Auf mein Geständnis wartest du umsonst.

Die Kameradenfrau

Sie, als Kameradenfrau (denn ich sei doch auch ehemaliger aktiver Offizier wie ihr Mann), wolle mich nur warnen, unbekannterweise. Das war der erste Satz, den sie zu mir sagte. Im Sommer 1943.

Sie hatte an meiner Wohnungstür geklingelt. Und ich hatte geöffnet, denn ich war allein in der Wohnung: meine Frau im Gefängnis und die Untermieterin beim Einkauf. Draußen stand sie, eine sehr elegante, mir bis dahin unbekannte Dame, Anfang vierzig, und sagte diesen merkwürdigen Satz:

Entschuldigen Sie bitte die Störung, Sie kennen mich nicht, aber als Kameradenfrau – mein Mann war aktiver Offizier wie Sie – möchte ich Sie vor politischer Unvorsichtigkeit warnen. Sie sind in Gefahr: Ihre Untermieterin trägt ihr Herz auf der Zunge und erzählt alles weiter, was Sie gegen die politische Führung sagen.

Ich bat sie in die Wohnung. Aber sie lehnte dankend ab, sie müsse zur Arbeit.

Sie arbeiten?, fragte ich überrascht.

Ja, freiwillig, beim Luftschutz und bei der Kartenstelle. Die Leiterin dort ist doch Ihre – sie zögerte –, ist doch Ihre Bekannte?

Ich nickte und dachte, ja, sie ist unsere gute, treue Freundin. Sie ist es geblieben, all die Jahre, obwohl meine Frau jetzt in Fuhlsbüttel sitzt. Viele haben sich zurückgezogen, sie nicht.

Aber ich dachte es nicht nur, wieder einmal sagte ich statt-dessen gleich, was ich dachte. Sagte es leise zu der Dame, die immer noch in der Wohnungstür stand, den Handschuh der rechten Hand in der linken Hand, ein Handschuh aus dünnem Leder. Ihre Lippen waren geschminkt, und der Duft ihres Par-füms drang herüber.

Und Ihre Untermieterin ist meine Freundin, sagte sie lä-chelnd. Seitdem Ihre Frau im Gefängnis ist, sollen Sie sehr ver-bittert sein. Meine Freundin erzählt im Einzelnen, was Sie über die politische Führung äußern. Und ich zum Beispiel weiß das alles, obwohl ich Sie, Herr von … – sie sprach meinen Nach-namen mit einem falschen Akzent aus – doch überhaupt nicht kenne. Ist das nicht gefährlich? Wenn es in unrechte Ohren kommt!

Ich dachte an meine Frau. Erst vor einer Woche hatte ich wieder aus dem Gefängnis ihre schmutzige Wäsche zum Wa-schen bekommen. Mit Blutspritzern. Sie haben sie misshandelt, dachte ich, und wollen es gar nicht vertuschen, nur drohen: So kann es dir auch gehen, ganz schnell.

Aber ich wollte keine Angst haben. In meiner eigenen Woh-nung? In meiner eigenen Wohnung konnte ich schließlich sagen, was ich wollte. Das war nicht öffentlich. Draußen auf der Straße und auf meiner Arbeitsstelle war ich still.

Doch auch meine Frau hatte nur zu Hause gesprochen, nur hier in der Wohnung, nach jenem folgenschweren Luftangriff. Bei ihr aber war es etwas anderes: Sie ist Jüdin. Nur weil sie mit mir, einem Arier, verheiratet ist und nur weil ich mich nicht von ihr scheiden ließ, obwohl sie Jüdin ist, durfte sie noch zu Hause leben. Ich ließ meine Frau auch gar nicht mehr gern aus der Wohnung und erledigte Einkäufe und alle Behördengänge neben meiner Arbeit, damit sie nicht auf der Straße beleidigt werden konnte. Ich wollte sie schützen.

Es ist mir nicht gelungen.

Wir haben das Unglück selbst heraufbeschworen, als wir nach den ersten Bombenangriffen auf Hamburg Untermieter aufnahmen: ein junges Paar, noch gar nicht verheiratet. Sie waren ausgebombt. Im ersten Moment habe ich einen Schreck bekommen, als sie vor der Tür standen: der junge Mann in der SA-Uniform, höherer Rang, SA-Führer. Gleich danach dachte ich: Hauptsache, er ist nicht bei der SS. Und meine Frau ist ja geschützt durch die Ehe mit mir.

Es geschah nach dem nächsten Bombenangriff, in der Küche. (Warum ging meine Frau überhaupt aus dem Zimmer, wenn die Untermieter im Wohnungsflur standen?) Meine Frau hatte nach dem Bombenangriff aus dem Küchenfenster geblickt, auf die brennenden Häuserruinen und die Herumirrenden auf der Straße, und gesagt – selbstvergessen, in unserer eigenen Küche, unseren eigenen vier Wänden, aber vor den Ohren der Leute, die wir aufgenommen hatten –, was sie schon oft zu mir und was auch ich zu ihr gesagt hatte, was viele leise zueinander sagten: wem das alles zu verdanken sei, wer dafür noch einmal zur Verantwortung gezogen werden würde. Das Übliche – nicht mal ein Witz oder ein Gespräch über sogenannte feindliche Rundfunksendungen.

Der SA-Führer hat sie auf der Stelle angezeigt.

Sie ist vor meinen Augen abgeführt worden. Ich habe sie nicht wiedergesehen. Nur ihre blutige Wäsche.

Lange haben die beiden nicht mehr bei mir gewohnt. Wenn

ich ihnen im Flur begegnete – obwohl ich eine Begegnung möglichst zu vermeiden suchte –, habe ich sogar gegrüßt. Einen guten Tag habe ich ihm gewünscht. Den Denunzianten meiner Frau habe ich gegrüßt.

Kurz bevor die beiden weggezogen sind, haben sie ihre Mutter zu sich genommen – die Mutter der jungen Frau, seine zukünftige Schwiegermutter, falls sie heiraten sollten.

Heiratet man einen Denunzianten? Vielleicht dachte die junge Frau genauso wie ihr Freund? Ich habe mich nie mit ihr politisch unterhalten.

Die Mutter blieb bei mir wohnen, nachdem das junge Paar weggezogen war. Sie war die Untermieterin, vor der ich jetzt gewarnt wurde: Sie trage ihr Herz auf der Zunge, sagte die Dame vor mir.

Und sie wollte ihre Freundin sein?

Nie habe ich mich früher um die Querverbindungen unter den Leuten gekümmert. Das hat meine Frau für mich gemacht. Sie kennt die Menschen besser als ich – glaubt, sie besser zu kennen. Obwohl sie sich das eine Mal am Küchenfenster geirrt hat, denn sie muss die Schritte des jungen Mannes im Flur doch gehört haben. Er hat sie ja auch sprechen gehört. Oder dachte sie, dass wir allein in der Wohnung sind? Oder war sie so gefangen von dem Geschehen auf der Straße? Denn sie hat zuerst sehr leise, nur für mich hörbar, vor sich hingesagt: Bald ist das alles zu Ende, nicht nur der Krieg.

Vielleicht hat sie die Schritte des Untermieters deshalb nicht gehört, weil sie sich schon das Ende des Unrechts vorstellte, an ein normales Leben dachte, auch für sich als jüdische Frau. Dass sie nie wieder diese Unterscheidung akzeptieren müsste: jüdisch – arisch. Denn früher haben wir doch auch nicht daran gedacht, dass sie Jüdin ist. Nachdem ich sie kennengelernt hatte, wollte ich sie als meine Frau, ein ganzes Leben lang wollte ich sie bei mir haben. Ich liebte sie, weil sie es war.

Die Freundin dieser Dame in der Tür könnte mich verraten?

Und warum warnte mich die Dame? Als Kameradenfrau?

Auch eine Warnung war gefährlich. Diese Frau begab sich in meine Hände. Sie musste Vertrauen zu mir haben. Aber ich war ihr fremd. Dachte sie, dass ich ein Gegner des Staates bin, weil ich zu meiner Frau, einer Jüdin, halte?

Das Vertrauen musste sie aufgrund der Erzählungen ihrer Freundin, meiner Untermieterin, haben. Dann war die Untermieterin meiner Meinung? Sonst hätte sie mich doch schon angezeigt.

Aber vielleicht zeigte sie mich nicht an, obwohl sie eine andere Meinung vertrat? Ihr zukünftiger Schwiegersohn war immerhin ein höherer SA-Führer. Doch diese Frau, die Frau eines deutschen Offiziers, teilte offenbar meine Meinung. Darum warnte sie mich vor Unvorsichtigkeit.

Aber warum warnte sie mich vor ihrer Freundin? Sie brauchte sie doch nur zu bitten, nicht so viel herumzuerzählen.

Aber warum sollte sie sich überhaupt in Gefahr begeben?

Eigentlich verstand ich diese Dame in der Tür nicht, die nicht ging, obwohl sie zur Arbeit musste, die nicht hereinkam, obwohl sie doch Zeit hatte, die mich vor einer Frau warnte, mit der sie doch befreundet war.

Würde ich einen Fremden vor meinem Freund warnen?, fragte ich mich.

Ihre Freundin wisse nichts von diesem Besuch und dieser

Warnung. Sie, die Kameradenfrau, kenne mich ja auch offiziell noch gar nicht, sagte sie. Und wenn ich ihr anlässlich eines bald fälligen Besuchs bei ihrer Freundin, meiner Untermieterin, vorgestellt werde, sollte ich tun, als ob ich sie zum ersten Mal sähe.

Ich versprach, mich dann zu verstellen. Und versprach, vorsichtig in meinen Äußerungen zu sein. Und versprach, weder meiner Untermieterin noch sonst jemand etwas von der Warnung zu sagen.

Warum? Ich war doch nicht in einem Theaterstück? Doch ob ich wollte oder nicht, meine Unbefangenheit war dahin. Ich wich meiner Untermieterin aus, sprach nicht mehr mit ihr, und nach wenigen Wochen verzog sie nach Kiel.

Inzwischen war ich der Kameradenfrau – ich nenne sie einfach so, obwohl ich den Kameraden, dessen Frau sie war, nie kennengelernt habe –, inzwischen war ich ihr oft begegnet: wenn sie meine Untermieterin besuchte, wenn ich die Leiterin der Kartenstelle, unsere Freundin, aufsuchte, wenn wir uns auf der Straße trafen. Immer grüßte sie freundlich wieder und unterhielt sich mit mir.

Als meine Untermieterin, ihre Freundin, ausgezogen war, klingelte sie schon am nächsten Tag an meiner Wohnungstür.

Diesmal nahm sie meine Einladung an und kam zu mir herein. Ich bereitete für uns Tee.

Zum ersten Mal unterhielten wir uns in Ruhe. Sie war wirklich eine sehr kluge und gebildete Frau.

Sie könne gut verstehen, wie mir zumute sei, sagte sie. Als Ehemann einer Jüdin in Gefängnishaft gehörte ich doch zu einer Minderheit im deutschen Volk. Sie gehörte ebenfalls zu einer Minderheit. Nur sei es nicht so sichtbar wie bei meiner Frau mit dem Judenstern: Sie sei lesbisch.

Sie lebe in ihrer Wohnung mit einer Frau in Lebensgemeinschaft, schon seit vier Jahren. Das fiele heutzutage ja nicht so auf, wenn zwei Frauen die Wohnung teilen. Aber sie fürchte sich vor der Einquartierung Ausgebombter, weil die dann etwas merken würden, unweigerlich.

Und die Angst vor Entdeckung sei berechtigt. Kurz nachdem ihre Freundin zu ihr gezogen war, wohl schon im Jahre 1940, war sie von einem Polizeibeamten gewarnt worden, dass in den Lesben-Lokalen von St. Pauli Razzien unmittelbar bevorstünden.

Sie beide, sie und ihre Geliebte, seien dort sowieso nicht hingegangen, aber sie habe eine Verkäuferin in dem nahe gelegenen Brotgeschäft gewarnt, von der sie wusste, dass sie lesbisch sei und diese Lokale gern abends besuchte. Weil die Verkäuferin nicht habe auf sie hören wollen, sei sie in eine Razzia geraten und ohne Gerichtsurteil für ein dreiviertel Jahr ins KZ gekommen, obwohl Homosexualität bei Frauen doch bisher gar nicht bestraft worden war, nur die bei Männern. Als die Verkäuferin nach diesen neun Monaten aus dem Konzentrationslager entlassen worden war, habe sie sie bei sich aufgenommen, die nächsten drei Wochen, damit sie sich ein wenig davon erholen könne.

Warum vertraut sie mir das alles an?, dachte ich.

Ich fragte sie nach ihrem Mann, denn bei ihrer ersten Warnung an meiner Wohnungstür hatte sie sich doch als eine Kameradenfrau vorgestellt. War sie seine Witwe? Sie hatte außer diesem ersten Mal nie von ihm gesprochen.

Nein, sie war von ihm geschieden, seit 1926, seit 17 Jahren, und lebte seitdem von einer kleinen Unterhaltsrente, die er ihr zahlte. Geheiratet hatte sie ihn mit 18, nach Absolvierung der Höheren Töchterschule und der Handelsschule, im März 1914; da herrschte noch Frieden im deutschen Kaiserreich, ein halbes Jahr noch Frieden. Er war damals schon aktiver Offizier gewesen. Ungefähr mein Jahrgang, auch 20 Jahre älter als sie.

Eine sehr hübsche Person muss sie gewesen sein, dachte ich.

Im Ersten Weltkrieg hatte sie Verwundete gepflegt. Nach dem Krieg hatte sie Schauspielunterricht genommen und auch als Schauspielerin gearbeitet. Schließlich war sie morphiumsüchtig geworden und in eine Entziehungskur gekommen. Da hatte er sich scheiden lassen. Eine solche Frau hätte ich mir als Offizier auch nicht leisten können, wäre als Ehefrau auch nichts für mich gewesen, dachte ich da.

Sie war bei der Scheidung 27 Jahre alt. Ohne Kind. Geheiratet hatte sie nicht wieder, auch nicht pro forma, und in ihrem Beruf als Schauspielerin hatte sie auch nie mehr gearbeitet, war immer zu Hause, lebte mit Freundinnen, hin und wieder unterstützte die Familie sie finanziell.

Ich wagte sie nicht zu fragen, warum sie sich mir gegenüber als Kameradenfrau ausgegeben hatte, wenn sie doch schon seit 17 Jahren geschieden war. Und ich wagte auch nicht zu fragen, ob sie mit ihrem Mann überhaupt intim zusammengewesen war, ob sie ihren oder einen anderen Mann zu hassen begonnen, ob sie sich vor ihm geekelt oder ob er sie gleichgültig gelassen hatte.

Vielleicht ist sie bisexuell und sitzt deshalb bei mir im dunklen Zimmer, dachte ich.

Ich wollte ihr nicht zu nahe treten, uns auch nicht in eine

peinliche Situation bringen, denn immerhin war ich mit ihr, einer anziehenden und erregenden Frau, allein in der Wohnung. Vielleicht wollte sie auch einfach nur ihre erotische Wirkung auf einen Mann prüfen, nachdem sie ihm die Wahrheit gesagt hatte? Vielleicht wollte sie sich erleichtern und erhoffte gerade bei mir Verständnis, weil meine Frau ausgestoßen war und ich deshalb Leid ertragen musste?

Es ist dunkel geworden, nicht wahr, fragte sie unvermittelt, stand auf und stellte sich neben meinen Sessel. Ich habe, sagte sie, in dieser Woche der Frau eines Tierarztes zur Flucht verholfen. Sie ist Jüdin und hat mir von ihrer bevorstehenden Deportation erzählt. Ich verschaffte ihr falsche Papiere aus der Kartenstelle, indem ich die Unterlagen einer evakuierten Frau zurückhielt, und kaufte ihr mit den falschen Papieren eine Fahrkarte nach Konstanz. So konnte sie ins Ausland fliehen. Ich habe, erzählte sie weiter, eine Freundin beim Sicherheitsdienst, sie ist dorthin dienstverpflichtet seit fünf Jahren und sogar Vorzimmerdame des Leiters der Hamburger Dienststelle. Sie hat schon Stimmungs- und Lageberichte selbstständig angefertigt, sie weiß alles, auch von der Geheimen Staatspolizei, und will dort weg. Sie ist die Tochter meiner Jugendfreundin, darum kenne ich sie von Kind an. Vor neun Jahren hat sie mir meine Geliebte weggenommen und lebt mit ihr in einer Wohnung.

Weggenommen?, fragte ich. Kann man eine Geliebte einem anderen wegnehmen?

Unsere Geliebte, sagte meine Besucherin, hat uns beide nur gefühlt, nie gesehen, denn sie ist blind. Und die Tochter meiner Jugendfreundin kann so ihre Liebe besser tarnen. Sie gibt sich als die Pflegerin der Blinden aus.

Ich kann mich nicht tarnen, sagte meine Besucherin, meine Lebensgefährtin ist gesund. Ihre Schwester weiß davon, und ich weiß nicht, wer noch. Heute bin ich nicht gekommen, um Sie zu warnen, sondern um Sie um Hilfe zu bitten, für ein Ehepaar. Seit vier Jahren kenne ich die junge Frau, und vor zwei Jahren lernte ich den Mann kennen, fand, dass die beiden zusammenpassen, und machte sie bekannt. Sie heirateten noch im gleichen Jahr, 1941. Er ist unschuldig geschieden, hat schon einen großen Sohn, ist Innenarchitekt und Geschäftsführer mehrerer Lichtspieltheater. Kürzlich rettete er einen jüdischen Mann, der vor seiner Einlieferung ins Getto stand, dadurch, dass er ihn heimlich an die rumänische Grenze brachte. Also ein mutiger Mann. – Die jungen Eheleute sind glücklich, soweit man das in einem solchen Krieg sein kann. Ich mag sie beide sehr, wir duzen uns, und sie nennen mich aus Dankbarkeit »Mutter«. Nun suchen sie ein Zimmer. Und ich dachte, vielleicht könnten Sie die beiden bei sich aufnehmen? Seit gestern ist doch bei Ihnen ein Zimmer frei? Die junge Frau kann für Sie mitkochen und mitwaschen. Wäre das nicht angenehm für Sie?

Endlich wieder ein wenig Wärme, dachte ich, wenigstens zu Hause kein Misstrauen haben müssen, das wäre schön.

Ich war einverstanden, und es wurde so, wie ich gehofft hatte. Ich gab der jungen Frau meine Lebensmittelkarten und durfte dafür an ihrem Tisch mitessen. Wenn die schmutzige, blutige Wäsche von meiner Frau aus dem Gefängnis kam, wusch die junge Frau die Wäsche und tröstete mich.

So verging ein Jahr. Merkwürdig war, dass die junge Frau ihre Heiratsvermittlerin, die sie doch »Mutter« genannt hatte, nicht mehr besuchte, obwohl sie in der Nachbarschaft wohnte, während ihr Ehemann einen engen Kontakt aufrechterhielt.

Im Juli misslang das Attentat auf Hitler, aber es hat doch gezeigt, dass nun auch beim Militär ein offener Widerstand gegen das System geleistet wird. Dieser Krieg kann nicht mehr lange dauern. Das ist meine feste Überzeugung.

Im August schickte mich die Bankfiliale, bei der ich arbeitete, für ein paar Tage in die Zentrale nach Berlin, um mich auf eine höhere Stellung vorzubereiten. Am Morgen des Tages, an dem ich nach Berlin fahren sollte, hörte ich die junge Frau in der Küche wirtschaften. Und als ich in die Küche kam, duftete es angenehm nach gekochter Marmelade. Die Gläser standen zum Abkühlen auf dem Küchentisch. Die Sonne schien durch die geputzten Fenster. Die junge Frau, in der Schürze meiner Frau – ich hatte ihr erlaubt, sie zu tragen –, stand im Gegenlicht und summte ein Lied. Ich blieb an der Küchentür stehen. Sie hatte mich kommen hören, drehte sich um und wies stolz auf ihre Arbeit: Das ist auch für Sie, sagte sie freundlich.

Hätte ich das Folgende nicht gesagt, sondern nur gedacht, wäre sie nicht so außer sich geraten. Aber statt dass ich mich freute an ihrer Hoffnung auf die Zukunft, an ihrer Fürsorge, sagte ich: Lassen Sie das Einmachen nur sein! Es hat keinen Sinn, denn bald kommen die Russen. Dann wird es fürchterlich. Ich bin geschützt, weil ich als Gegner des nationalsozialistischen Systems bekannt bin. Ich werde versuchen, auch für Sie einzutreten. Aber ob ich Ihnen helfen kann, weiß ich nicht.

Die junge Frau, eben noch so froh, geriet in die größte Erregung, stürzte an mir vorbei in ihr Zimmer und weinte, so laut, dass ich es durch die geschlossene Tür hören konnte.

Ich wagte nicht, ihr in ihr Zimmer zu folgen. Sie war dort allein, und was sollte ich auch Beruhigendes tun? Ich hatte ihr nur meine Meinung offen gesagt. Sogar meine Hilfe hatte ich ihnen zugesagt.

Kurz darauf kam ihr Ehemann. Auch ihm gelang es nicht, sie zu beruhigen, er musste zurück in sein Büro.

Und ich musste meinen D-Zug nach Berlin pünktlich erreichen.

Als ich gestern Abend von Berlin zurückkam, klingelte es an unserer Haustür. Zwei Gestapobeamte standen davor.

Der junge Mann, mein Untermieter, kam aus seinem Zimmer und sah die Männer erschrocken an. Sicher hatte er große Angst: Hatten sie erfahren, dass er den jüdischen Mann vor dem Getto gerettet hat? Wussten sie, dass ich schon lange abfällig über die Regierung redete und weder er noch seine Frau mich angezeigt hatten?

Die Gestapobeamten fragten, wie ich heiße. Ich nannte meinen Namen.

Kommen Sie mit!

Ich? Und nicht er? – Warum?, fragte ich.

Sie haben nicht zu fragen!

Der junge Ehemann, mein Untermieter, musste zusehen. Sie kündigten an wiederzukommen, um ihn und seine Frau über mich zu befragen. Ob er sich meiner Bitte erinnern wird, unseren Dokumentenkoffer an sich zu nehmen, falls mir etwas zustoßen sollte?

Jetzt haben sie uns beide, meine Frau und mich.

Wir sind in ihrer Gewalt.

Epilog

Was war geschehen? Das Paar, das sich durch die Vermittlung der »Kameradenfrau« kennengelernt hatte und ihrer Fürsorge auch das Zimmer bei dem alten Offizier verdankte, stimmte in seiner Sympathie zu ihr bald nicht mehr überein. Die Ehefrau zog sich zurück und sah sie kaum noch, obwohl sie ganz in der Nähe wohnten, während ihr Ehemann sie häufig auf seinem Weg von oder zur Arbeit besuchte. Er lernte bei ihr die Tochter ihrer Jugendfreundin kennen, die beim Sicherheitsdienst als Vorzimmerdame arbeitete. Die drei sprachen viel miteinander und erörterten auch die Tischgespräche des alten Offiziers. Sie waren besorgt, er könnte sie alle ins KZ bringen mit seinen Reden, weil sie Mitwisser waren.

So kannte die Frau, die beim Sicherheitsdienst arbeitete und dort sogar aufhören wollte, weil nach ihrer Meinung dort zu viele unreife Menschen außerordentliche Macht über andere Menschen ausübten, den alten Offizier nur vom Erzählen.

Die »Kameradenfrau« gab nach dem Krieg als Angeklagte vor Gericht folgende Darstellung:

Der Ehemann sei, nachdem er seine junge Frau nicht hatte trösten können, erbost zu ihr gekommen und habe vorgehabt, ihre gemeinsame Bekannte, die Vorzimmerdame des Sicherheitsdienstes, in deren Wohnung aufzusuchen und ihr die Äußerungen seines Vermieters anzuzeigen. Mit dieser Absicht sei er gleich wieder fortgegangen.

Kurz darauf sei die gemeinsame Bekannte zufällig bei ihr er-
schienen, und sie habe ihr von der Absicht des Mannes berichtet.
Dann habe sie die Besucherin in der Wohnung allein gelassen, um
den Hund auf die Straße zu führen. Dort habe sie sich längere Zeit
zuerst mit dem Hausmeister und später mit der Schwester ihrer Ge-
liebten, die irgendeinen Brief hatte einsehen wollen, unterhalten.
So habe die Vorzimmerdame des Sicherheitsdienstes in ihrer Ab-
wesenheit, ohne ihr Wissen und ohne ihre Billigung, die Anzeige
telefonisch erstattet.

Der sehr alte Hausmeister konnte sich vor dem Gericht nach dem
Krieg in fast wörtlicher Übereinstimmung mit den Aussagen der
»Kameradenfrau« an das Gespräch auf der Straße mit ihr erinnern,
das angeblich genau in den Minuten stattfand, als von ihrem
Apparat aus die Anzeige bei der Gestapo erstattet wurde.

Die Aussage der Schwester ihrer Geliebten änderte sich auf eine
merkwürdige Weise. Zunächst bestätigte sie 1948 dreimal – bei der
Kriminalpolizei in Hamburg, vor dem Verteidiger der »Kamera-
denfrau« in einer eidesstattlichen Erklärung und vor einem Staats-
anwalt –, dass sie die Anzeige bei der Gestapo mitgehört hatte: in
der Wohnung und in Gegenwart der »Kameradenfrau«.

Zwei Jahre später aber, vor dem Schwurgericht, widerrief sie
diese Aussage. Angeblich erinnerte sie sich erst jetzt richtig, dass die
Angeklagte die ganze Zeit mit ihrem Hund und dem Hausmeister
auf der Straße gestanden und ihr dort auch erklärt habe, wo der ge-
suchte Brief in ihrer Wohnung liege. Während sie den Brief gesucht
habe, sei sie unfreiwillig Zeugin der Denunziation geworden. Sie
habe der immer noch auf der Straße Stehenden von dem Telefon-
gespräch erzählt, das da eben in ihrer Wohnung geführt worden
war. Da habe sich die Angeklagte sehr entsetzt gezeigt. Das Gericht

glaubte den früheren Aussagen der Zeugin aber eher und ließ sie unvereidigt.

Den Ehemann verurteilte das Gericht zunächst zu einer Gefängnisstrafe, sprach ihn dann aber auf seine Revision hin mangels Beweisen frei.

Zwei Tage nach der Verhaftung seines Vermieters hatte der Ehemann dessen Dokumentenkoffer zu der »Kameradenfrau« gebracht. Bei dieser Gelegenheit erst, sagte er fünf Jahre später vor dem Gericht, habe er mit Entsetzen von der Denunziation erfahren.

Am Morgen nach der Verhaftung seien die beiden Gestapobeamten, wie angekündigt, wiedergekommen und hätten ihn gefragt, ob sein Vermieter in der Wohnung Zusammenkünfte von Gruppen organisiert habe und ob er den Staat bejahe.

Die erste Frage habe er wahrheitsgemäß verneint und auf die zweite geantwortet, dass man das von einem Mann, dessen Frau in Haft sei, doch wirklich nicht verlangen könne. Er sei wegen dieser Antwort von den Gestapobeamten verwarnt worden.

Es war ihm nicht nachzuweisen, dass er die Anzeige gegen seinen Vermieter wirklich hatte erstatten wollen, denn die blinde Frau, Lebensgefährtin der damaligen Vorzimmerdame, versicherte vor Gericht glaubhaft, dass er weder an diesem Tag noch an einem der folgenden in ihrer gemeinsamen Wohnung erschienen war und nach ihrer Freundin gefragt hatte. Sie sagte die Wahrheit, obwohl eine Lüge doch ihre Freundin entlastet hätte. Sie sagte die Wahrheit.

Auch die Freundin sagte die Wahrheit, von Anfang an: Als die »Kameradenfrau«, die immer eine Autoritätsperson für sie war, ihr an diesem Augusttag 1944 von den Äußerungen des alten Offiziers erzählt und sie aufgefordert habe, die Anzeige bei der Gestapo zu erstatten, habe sie es gemacht.

Die Geheime Staatspolizei brachte den Hamburger Bankangestellten und ehemaligen aktiven Offizier nicht vor Gericht, sondern ins KZ Neuengamme. Dort ist er im Frühjahr 1945 gestorben. Angeblich an einer Erkältung. So steht es auf dem Totenschein.

Seine Frau wurde nach seinem Tod ins KZ Ravensbrück gebracht, denn nun war sie nicht länger durch eine sogenannte privilegierte Mischehe geschützt. Sie kam dort um.

Ein paar Wochen nach ihrem Tod war der Krieg zu Ende.

Das verschwundene Grab

Ich bin seine Tochter, sein einziges Kind. Und er liegt irgendwo verscharrt, in meiner Nähe. Ich weiß nicht, wo.

Damals hat es geregnet und geregnet, einen Tag und eine Nacht und einen zweiten Tag und eine zweite Nacht und einen dritten Tag. Jenen ersten Tag, an dem Viktoria uns ängstlich erzählte, dass mein Vater plötzlich vor unserem Haus gestanden und gedroht habe, sich eine Pistole zu kaufen und uns damit zu erschießen, um sich fürs Zuchthaus zu rächen. Dann war er wieder verschwunden, sie wusste, wohin. Diesen ganzen ersten Tag über, an dem Viktoria die Drohung dem Polizisten anzeigte, der Angst vor meinem Vater hatte, wie auch der Bürgermeister und wie auch der Ortsbauernführer – zwölf Tage vor Kriegsende, und die Franzosen waren schon in der Nähe. Und es regnete diese ganze erste Nacht, in der wir Angst hatten vor meinem Vater in unserem männerlosen Haus. Die Söhne Viktorias waren im Krieg. Sie, ihre Tochter und ich waren allein. Wir fürchteten uns vor Schritten, aber es blieb still.

Es regnete jenen zweiten Tag, an dem die beiden fremden Männer um eine Unterkunft baten für die nächste Nacht. Sie waren von der Geheimen Staatspolizei, schon an der Haustür zeigten sie uns ihre Ausweise, aber sie waren doch nur Wachleute für die Gefangenen gewesen, dienstverpflichtet, der Ältere mit dem Glasauge seit einem Jahr und der Jüngere mit dem steifen Knie seit einem Monat. Sie sagten, dass sie ihre letzten Gefangenen am Bodensee freigelassen hätten und nun vor den Franzosen in östlicher Richtung flöhen. Aber fliehen durften sie nicht. Sie sollten sich von Zeit zu Zeit bei den zuständigen Stellen melden, nach Weisungen fragen, und eine solche SS-Dienststelle war auch im nächsten Dorf. Als sie am vergangenen Tage dort um eine Nachtunterkunft gebeten hatten – nur eine Nachtunterkunft, Verpflegung hatten sie bei sich –, hatte man nichts für sie und wies sie an, sich selbst zu kümmern. So gingen sie zu einem Bauern, der sie für eine Nacht in die Scheune ließ, vom 26. zum 27. April 1945. Wer wollte schon, so kurz vor dem Ende des Krieges (»Ende« durfte jedoch niemand sagen), die Geheime Staatspolizei auf seinem Hof? Aber wer wagte, den beiden kein Nachtlager zu geben, solange noch Krieg war?

Dieser zweite Tag, an dem wir den beiden Männern unsere Angst klagten. An dem sie uns versprachen zu helfen, wenn wir es wollten. An dem Viktoria den beiden Soldaten Unterkunft in ihrem Haus versprach und zu ihnen sagte: Lieber einer tot als drei. Diese zweite Nacht, in der Viktoria den beiden Männern den Aufenthaltsort meines Vaters verraten hat. Weil ich mich weigerte, bestimmte sie ihre eigene Tochter, die Männer zu führen. Sie fanden, verhafteten, durchsuchten ihn, führten ihn ab, erschossen und vergruben ihn in dieser selben Nacht.

Und es regnete jenen dritten Tag über, den Tag danach, an dem ich mit der Suche begann. Die Erde war weichgeregnet. Wo sollte ich seine Spuren finden? Im Wald?

Wo vergräbst du einen, den du eben erschossen hast, ohne Urteil, heimlich, in der Nacht, bei strömendem Regen?

Im Straßengraben der Landstraße?

Dort, auf freiem Feld könnte dich jemand zufällig beobachten, ein Zeuge deines Verbrechens sein. Ein Hund könnte die Leiche riechen, ausscharren. Die Vorüberfahrenden, die Flüchtenden in den Trecks könnten den toten Körper in der aufgewühlten Erde entdecken und fragen: Warum liegt der nicht auf dem Friedhof?

Wo habt ihr meinen Vater versteckt? In einem Acker? Zur nächsten Ernte wäre er gefunden worden.

Vierundvierzig Sommer und vierundvierzig Winter liegt mein Vater nun schon ungeschützt in der Erde.

Am Tag nach seiner Todesnacht ging ich in unseren, seinen und meinen Wald. Nur dort konnte er sein. Ein Wald schützt jedes Geheimnis. Nur im Wald hat ein Mörder Muße, Muße zum Töten und Muße zum Unsichtbarmachen und Muße zum Unsichtbarwerden.

Der Regen überschwemmte auch meine Spuren im Wald, nicht nur die Spuren der Mörder und die meines Vaters, als ich ihn suchte. Die Rinnsale am Wegrand, wo vermischten sie sich mit seinem Blut?

Zwei Schüsse in der Nacht. Einer, um ihn zu töten. Der zweite, als er schon tot war, um des Todes sicher zu sein.

Weit konnten die Männer mit ihm nicht in den Wald hineingegangen sein. Sie waren ja bald zurückgekommen, noch in derselben Nacht.

Wir erwarteten die beiden. Wir: Viktoria, ihre Tochter und ich. Wir drei Frauen waren wach in unserem nächtlichen Haus und warteten.

Ich nenne Agathe »ihre Tochter«, nicht »meine Schwester«, denn wir haben beide einen anderen Vater.

Agathe stammt von dem Metzgermeister. Aus ihrer, wie Viktoria immer sagte, ersten, kurzen, aber glücklichen Ehe mit ihm hatte sie drei Kinder, zwei Söhne und Agathe.

Ich bin von dem Flaschner. Mein Vater hat Viktoria nach dem Ersten Weltkrieg geheiratet, als sie schon drei Jahre Witwe war und sich mit drei kleinen Kindern durchgeschlagen hatte, eine 32-jährige Metzgermeisterwitwe, die bei ihrem ersten Mann das Metzgerhandwerk erlernt hatte und selbst Hausschlachtungen vornehmen konnte. Nach der Hochzeit bekam er von ihr noch ein eigenes Kind, eine Tochter: mich.

Die anderen waren nur seine Stiefkinder, zwei Stiefsöhne und eine Stieftochter. Ich war sein einziges richtiges Kind. Das einzige in der 24-jährigen Ehe mit Viktoria.

Als die beiden Männer in unser Haus zurückkamen, saßen wir noch so, wie sie uns verlassen hatten. An der gleichen Stelle, am gleichen Tisch, vor Angst und Unheimlichkeit schweigend. Nur Agathe war eine Dreiviertelstunde weggewesen. Sie hatte den beiden Männern gezeigt, wo mein Vater wohnte, nicht, wo er sich versteckte, nein, wo er vorübergehend wohnte, nachdem er aus dem Zuchthaus entlassen war.

Nie hätte ich mich in dieser Nacht dazu hergegeben, ihn zu verraten.

Die beiden Männer schwiegen nach ihrer Rückkehr wie wir. Sie waren sehr erschöpft.

Sie legten alles auf den Küchentisch, was mein Vater bei sich gehabt hatte: seinen Ehering – aber er war doch schon seit zwei Jahren von Viktoria geschieden? –, eine Uhr mit Kette, seinen Geldbeutel und seine Brieftasche.

Eine Pistole war nicht dabei.

Und nachdem wir drei, Viktoria, ihre Tochter und ich, diese vier letzten Habseligkeiten meines Vaters betrachtet hatten, sagte einer der beiden Männer, der ältere, der mit dem Glasauge: So, der kommt nicht mehr.

Damit meinte er meinen Vater.

Er sagte es so endgültig, nicht triumphierend, so bitterernst.

Da wusste ich: Mein Vater ist tot.

Ich betrachtete die Hände der beiden Männer. Sie waren nicht schmutzig, Blut klebte nirgends an ihren Händen oder an ihrer Uniform. Nach ihrer Vollzugsmeldung bei der zuständigen Stelle hatten sie sich bestimmt waschen dürfen.

Die Männer blieben noch einige Tage in unserem Haus. Agathe war damals schon 30 und hatte ein uneheliches Kind von einem halben Jahr. Sie nahm den jungen Soldaten zu sich ins Bett. Nachdem sie den beiden Männern die Unterkunft meines Vaters gezeigt hatte, war sie in der Nacht schnell nach Hause gelaufen, durch Dunkelheit und Regen – und dann hatte sie auf einen der Mörder gewartet.

Noch in dieser Nacht schlief sie mit ihm. Ich hörte die beiden, wie sie schrien vor Lust, ohne Rücksicht auf mich. Ich war 25, so alt wie er.

Am nächsten Morgen sah ich, wie sich die beiden küssten, und hörte, wie sie sich mit Du anredeten und wie er zu Agathe sagte, dass er zu ihr zurückkehren werde, wenn seine Verlobte in Stuttgart nicht mehr am Leben sei.

Er kam nie wieder, obwohl meine Mutter ihm zum Abschied sogar etwas schenkte: ein Fahrrad.

Ein halbes Jahr später, nach Kriegsende, wurde Agathe verhaftet von den Franzosen und blieb für ein Dreivierteljahr in Untersuchungshaft. Aber sie schwieg.

Er war da schon Koch bei den Amerikanern.

Sie schwieg und schmuggelte sogar einen Brief an ihn heraus: Er brauche sich nicht zu beunruhigen, ihm werde nichts geschehen.

Ich wurde auch vernommen von den französischen Offizieren und sagte alles über Viktoria und ihre Tochter, alles, was ich wusste von ihnen und meinem Vater, denn sie stritten sich mit mir um das Erbe.

Warum sollte ich sie schonen?

Viktoria wurde von den Franzosen nicht einmal verhaftet. Sie hat sich immer herausgehalten, uns vorgeschickt.

Ihre Tochter schwieg über die Mörder meines Vaters und musste in die Freiheit entlassen werden.

Der junge Mann mit dem steifen Knie heiratete zwei Wochen nach ihrer Entlassung: nicht Agathe, sondern seine Verlobte. Umsonst alles Schweigen, alle Standhaftigkeit.

Aber fast neun Jahre danach standen sie doch alle vor Gericht: der ältere Mann mit dem Glasauge, der jüngere mit dem steifen Bein, Viktoria und ihre Tochter, verheiratet mit einem Mann, der den gleichen Vornamen und den gleichen Beruf wie mein Vater hatte. So konnte er das Geschäft meines toten Vaters übernehmen.

Agathe leugnete alles, auch ihre Liebe zu dem jungen Mann mit dem steifen Bein.

Auch der leugnete. Nichts habe er vorher gewusst, mit Fieber habe er am Nachmittag im Haus meiner Mutter gelegen, nichts gehört von einem Erschießungsbefehl, sei einfach so mitgegangen, der Kamerad mit dem Glasauge habe den gefesselten Mann im Wald erschossen, er selbst habe in den schon toten Körper meines Vaters nur geschossen, um vor dem Kameraden nicht als feige dazustehen, von einem Liebesverhältnis zu Agathe könne überhaupt nicht die Rede gewesen sein, nie habe sie ihm aus dem Internierungslager eine beruhigende Botschaft zukommen lassen.

Mein Zeugnis sprach dagegen.

Viktoria sagte aus, die beiden Soldaten seien überhaupt erst spät am Abend zum ersten Mal bei ihr gewesen und hätten gleich die Absicht gehabt, ihren geschiedenen Mann zu holen und wegzuschaffen. Sie habe zwar seinen Unterschlupf benannt und auch ihre Tochter gebeten, den Soldaten den Weg dorthin zu zeigen, aber gedacht, dass man ihn nur in ein Arbeitshaus bringen werde. Denn »wegschaffen« habe sie nicht mit »töten« gleichgesetzt.

Der Ältere mit dem Glasauge sagte aus, er und sein Kamerad hätten meinen Vater auf Befehl der zuständigen Stelle festgenommen, bei der zuständigen Stelle vorgeführt und dort den Befehl erhalten, ihn zu erschießen. Wenn er das nicht getan hätte, wäre er selbst erschossen worden.

Aber ihm habe ein Mann befohlen, der nicht sein Vorgesetzter war, sagte der Richter nach dem Krieg.

Er hätte mich erschießen lassen, sagte der Mann mit dem Glasauge zu seiner Verteidigung.

Viktoria und ihre Tochter wurden mangels Beweisen freigesprochen.

Die beiden Männer kamen wegen gemeinschaftlichen Totschlags ins Gefängnis, nicht lange, aber sie mussten büßen.

Alle waren Angeklagte, nur ich war Zeugin.

Niemand hat gefragt, warum mein Vater am 26. April 1945 so furchtbar wütend auf uns war, dass er uns mit dem Tode bedrohte. Er wollte sich fürs Zuchthaus rächen. Und ins Zuchthaus haben ihn Viktoria, ihre Tochter und ich gebracht.

Eine Woche vor Weihnachten 1941 haben wir ihn angezeigt: weil er feindliche Sender hörte.

Ich wollte auch, dass er wegkommt, damit Weihnachten Ruhe ist. Denn wieder einmal hatte er sich betrunken, hatte gebrüllt und zerstört.

Ich habe diese Sender auch gehört, er wusste es natürlich. Er war viel zu anständig, mich beim Verhör zu verraten. Ich war doch sein einziges Kind, seine Tochter.

Sicher wusste er auch, dass Viktoria hinter der Anzeige steckte – unterschrieben hatte sie aber nicht. Das hat Agathe gemacht. Agathe unterschrieb.

Sie hätten ihn sogar zum Tode verurteilen können, so groß war die Gefahr, in die wir ihn brachten. Er bekam zweieinhalb Jahre Zuchthaus. Wir haben ihn ins Zuchthaus gebracht. Seitdem habe ich ihn nicht mehr gesehen.

Aus dem Zuchthaus ist er geflohen, aber sie fingen ihn wieder. Als er danach vor unserem Haus stand und Rache androhte, sprach er nur mit Viktoria. Er wusste, dass ein Wort von ihr, der Metzgerin, genügt hätte, ihn vor Gericht zu retten.

Nur sie musste Angst vor ihm haben, wir nicht, wir, ihre Werkzeuge.

Viktoria war die einzige Zeugin für seine Drohungen vor dem Haus. Vielleicht hat er uns gar nicht bedroht, und sie hat es nur gesagt zu den Soldaten, damit sie ihn umbringen, damit sie endlich befreit war von diesem Mann, der ihr seit 26 Jahren ergeben war, der sie geheiratet hat als Witwe mit drei Kindern, der sie ernährte und der trank und sie schlug und die Menschen beleidigte im Trunk, vor dem sie nachts aus dem Haus floh mit uns, nur im Hemd.

Aber warum blieb sie bei ihm? Warum bezahlte sie seine Rechtsanwälte vor Gericht? Warum bezahlte sie ein Leben lang seine Geldstrafen wegen Beleidigung? Warum ließ sie sich erst scheiden, als er schon im Zuchthaus saß? Liebte sie ihn doch? Liebte Viktoria meinen Vater?

Ich habe meine Mutter mit ihm manchmal so fröhlich gesehen, nur mit ihm, er war so unbeschwert, so arglos. Er schlug nur um sich, wenn er betrunken war. Und hatte er nicht recht? Wir verrieten ihn doch wirklich.

Zweimal.

An seinem Todestag verrieten wir ihn das zweite Mal.

Dieses Mal hätte ich ihn retten können, ihn warnen vor sicherem Tod. Warnen vor den Männern, die seine Mörder waren, die langsam gingen im Regen, geschickt von meiner Mutter und geführt von ihrer Tochter.

Er hätte fliehen können, zehn Tage später war der Krieg vorbei. Ich verdanke ihm mein Leben.

Und er verdankt mir seinen Tod.

Illusion

Die eine Geschichte, die ein jeder Mensch zu erzählen hat. Seinen Kindern, seinen Enkeln. Wenn sie groß genug sind, sie richtig würdigen zu können. Oder auch ganz fremden Menschen. Wenn die nur zuhören. Jeder Mensch hat seine wichtigste Geschichte. Die ihn unterscheidet von den andern, die ihn rechtfertigt, entschuldigt, erklärt.

Die alte Frau hatte vor zwanzig Jahren begonnen, ihre Geschichte aufzuschreiben. Da war sie schon 63 Jahre alt. Und sie schreibt immer noch daran. Erst hatte sie mir ihre Geschichte geschickt, nun stand sie selbst da. Ihre weißen Haare im Nacken geknotet, die Augen von einem weißen Blau, Lederturnschuhe, Männerhosen, einen weiten Pullover unter dem Anorak. Sie stand in unserer Wohnungstür und sagte zu ihrem jungen Begleiter: Du brauchst mich erst um vier Uhr wieder abzuholen. Fünf Stunden werden wir für unser Gespräch sicher brauchen. Er ging.

Eine nette Aussicht haben Sie von hier oben.

Meine Großmutter wäre jetzt siebenundneunzig, fünfzehn Jahre älter als Sie, antwortete ich. Sie war auch Lehrerin. Möchten Sie Tee oder Kaffee?

Mir würde ein Kräutertee zusagen.

Ich habe mit großem Interesse Ihre Aufzeichnungen gelesen, sagte ich.

Sie sah noch immer aus dem Fenster, über die Dächer der Gerichte und Ministerien und über die Kirchenruine.

Das zweite Kapitel werde ich Ihnen bald in einer verbesserten Form geben können, sagte sie, es sind jedoch noch Tippfehler drin. Es war ja auch nicht mein Beruf zu schreiben. Als Naturwissenschaftlerin bin ich es gewohnt, mich an die Fakten zu halten und die sauber darzustellen. Einen Stil, sagte sie, habe ich dabei nie angestrebt. Obwohl: LTI gehört zu den von mir am meisten verschenkten Büchern. Eigentlich geht ja alles von dem Lagerkapitel aus. Die anderen Kapitel habe ich nach und nach in den zwanzig Jahren dazugeschrieben, über die Zeit vor dem Lager und die Zeit danach. Aber das Lagerkapitel halte ich für mein Vermächtnis, sagte die alte Frau.

In Buchenwald war sie kürzlich und wollte dem Archiv ihr Lagerkapitel schenken. Aber die hätten nicht gewusst, wohin damit. Denn 1945 ist dort Schluss mit den Dokumenten. Das könne sie verstehen.

Doch sie war eben bis 1950 dort als Häftling.

Waren Sie wirklich inhaftiert, weil Sie unter Hitler Mutterkreuze verliehen haben?, fragte ich.

Nein. Ich hatte doch immer noch die Hoffnung, dass meine Memoiren einmal gedruckt werden. Darum habe ich in der Geschichte, so wie sie aufgeschrieben ist, den wirklichen Grund nicht angegeben. Ich musste unter anderem auch Gutachten darüber schreiben, ob eine Frau würdig ist oder nicht, das Mutterkreuz zu tragen, der Grund für die Lagerhaft war das aber nicht.

Sie erklärte mir den Unterschied zwischen der Geheimen Staatspolizei, der Gestapo – sie betonte die erste Silbe –, und dem Sicherheitsdienst, dem SD. Für den hatte sie nämlich gearbeitet. Ein anderer Mitarbeiter gab nach dem Krieg beim Verhör durch den sowjetischen Offizier an, dass er auch von ihrer Mitarbeit wusste. Er dachte, sie sei schon in den Westen entkommen und dadurch in Sicherheit. Sonst, meinte die alte Frau, hätte er es nicht getan. Sie traf ihn später im Lager wieder. Und da war er wirklich sehr erschrocken, sie zu sehen. Er hätte sie nicht denunzieren wollen.

Ich sah meine Besucherin plötzlich mit den Augen eines Richters nach dem Krieg. Oder eines sowjetischen Offiziers, der sie verhören soll. Oder mit den Augen einer Jüdin. Und sie entdeckt im Gespräch, dachte ich, dass ich vielleicht Jüdin bin oder anderer Meinung als die gewünschte. Oder sie hat mich belauscht, als ich den englischen Rundfunk hörte. Dann wäre sie in meiner Macht oder ich in ihrer.

Jetzt fragen Sie mich ja immerzu, es ist gar kein richtiges Gespräch, vermerkte sie mahnend.

Es stimmte. Ich hatte ihr als Feind oder als Opfer gegenübergesessen.

Ich dachte gerade daran, so entschuldigte ich mich, dass ich jetzt schon älter bin als Sie bei Kriegsende, dass für mich gar nichts so feststeht und für Sie damals alles feststand. Ich kann mich so schlecht in Ihre damalige Rolle versetzen. Nehmen wir die »Rassen«. Ich kann nicht begreifen, warum ich mehr wert sein könnte, wenn ich einer sogenannten arischen Rasse angehöre. Wie erleichtert war ich als Fünfzehnjährige tagelang, bin es eigentlich noch heute, weil ich nicht als Kleindarstellerin für BDM-Mädchen infrage kam. Ich hatte mich natürlich auch nicht darum beworben. Aber als Patenschule der DEFA mussten wir eines Tages alle in die Aula, der Regieassistent des Thälmannfilms drängte sich durch unsere Reihen und sah jeder ins Gesicht. Meine Freundin neben mir nahm er. Aber zu mir sagte er lächelnd: Nee, du nicht, du bist nicht arisch.

Die alte Frau sah mich prüfend an – da fror es mich – und sagte: Obwohl das natürlich nicht stimmt. Sie sind ein typischer nordischer Mensch, gerade wegen Ihres Individualismus und, das möchte ich dazurechnen, auch wegen Ihrer intellektuellen Überlagerung. Am ausgeprägtesten und beinahe krankhaft ist das jetzt ja bei den Amerikanern. Ich bin gar nicht für diesen american way of life.

Ich erwiderte: Wenn ich eine Geschichte über Sie schreiben könnte, dann würde ich sie »Begeisterung« nennen. Begeisterung als ein mir im Innersten unverständliches Gefühl. Begeisterung wäre aber unzutreffend, sagte die alte Frau. Illusionen sei das richtige Wort.

Und dann erzählte sie von ihrem jetzigen Leben in einer Einzimmerwohnung in einem Haus mit lauter altersgerechten Wohnungen. Dass sie keine Putzfrau in ihre Wohnung lässt, obwohl sie sich eine bei ihrer Intelligenzrente von eintausend Mark leisten könnte. Denn diese Frau würde ihre Aufzeichnungen und auch die Bücherstapel durcheinanderbringen, die um den Tisch – in der Mitte des Zimmers stehe der – geordnet auf dem Fußboden liegen. Für die Putzfrau habe sie einfach keine Zeit, so wie die anderen Frauen, die sich manchmal im Hausflur treffen, um Handarbeitsmuster auszutauschen. Sie müsse schreiben und dafür sorgen, dass ihr Lagerkapitel doch jemand gebrauchen könne.

Dort im Lager wurden sie nicht umerzogen, sondern nur sozusagen aus dem Verkehr geholt.

Sie sitzen hier für die andern, hatte der sowjetische Lagerkommandant zu seinen Lagerinsassen gesagt, wir können nicht alle bestrafen.

Sie habe sich nicht schuldig gefühlt. Aus diesem Grund war sie auch beim Vormarsch der Sowjettruppen nicht geflohen, sondern hatte, nun als Arzthelferin, gearbeitet. Nach der Entlassung aus der Lagerhaft habe sie beim Besuch ihrer Eltern im Westen eine sehr gute Stelle als Biologin angeboten bekommen. Sie war ja promoviert, eine Spezialistin der Mikrobiologie. Daher doch ihr Interesse für Genetik und Rassen, darum ihre Vorträge. Erst kürzlich habe sie ihre eigenen Artikel in der NS-Lehrerzeitung wiedergelesen. Diese Stelle im Westen habe sie nicht angenommen, sei dann doch lieber zurückgekommen. Ein Leben im Kapitalismus wäre nichts für sie. Da gehe man über Leichen.

Fünfunddreißig Jahre waren seit der Entlassung vergangen. Und dreiundvierzig Jahre alt war sie, als sie ins Lager kam.

So viel lag hinter ihr: die Kindheit als Berliner Beamtentochter aus dem Vorderhaus, unterm Kaiser der Erste Weltkrieg, das bündische Jugendleben, die Schwangerschaftsunterbrechung in den zwanziger Jahren – das Kind hätte einen jüdischen Vater gehabt. Mitglied der NSDAP seit dem 3.3.33 (die Mitgliedsnummer lag zu ihrer Enttäuschung schon über einer Million), Vertreterin des NSDAP-Kreisleiters, dann Leiterin einer Lehrerbildungsanstalt. Die Flucht vor der Sowjetarmee und die Rückkehr in ihre Besatzungszone, weil sie sich, wie gesagt, schuldlos fühlte. Die Lagerhaft. Die Liebe zu einer Frau. Nach 1950 ihre erfolglosen Anträge, wieder als Lehrerin arbeiten zu dürfen. Alles hat sie bewältigt, nur nicht dass niemand etwas über die Lager weiß oder wissen will oder soll.

Möchte sie, dachte ich, auch hier wieder zur Elite gehören, weil sie für andere sühnte?

Ein typisches Nazischicksal habe sie nicht, sagte sie, denn sie sei wirklich gläubig gewesen. Darum habe sie auch diejenigen, die von ihrer Macht nur profitierten, angezeigt. So wie den Schulleiter, der seine Tochter bevorzugen ließ und gerechte Lehrer schikanierte, oder den Kreisleiter der NSDAP, weil er korrupt war. Ein schlechter Nationalsozialist, habe sie damals gedacht.

Vielleicht ein guter, im Sinne Hitlers, hatte der sowjetische Offizier daraufhin im Verhör entgegnet.

Wen haben Sie noch angezeigt?, fragte ich beklommen.

Sonst sei ihre Aufgabe im Sicherheitsdienst nur gewesen, die Stimmung in der Bevölkerung wiederzugeben, zum Beispiel die Reaktion auf einen Film oder auf die Qualität der Fotos von Hitler in den Zeitungen. Sie habe niemandem geschadet, betonte sie eindringlich. Nur weil sie die nationalsozialistische Idee habe reinhalten wollen, nur aus diesem Grunde habe sie zum Anwerber des Sicherheitsdienstes ja gesagt. Dafür sei sie im Lager gewesen.

Die eine Geschichte.

Vielleicht muss sie die erzählen, bis eine jüngere Frau ihr einmal verzeihen kann, eine, die damals noch nicht lebte. So eine Frau wie ich.

Inhalt